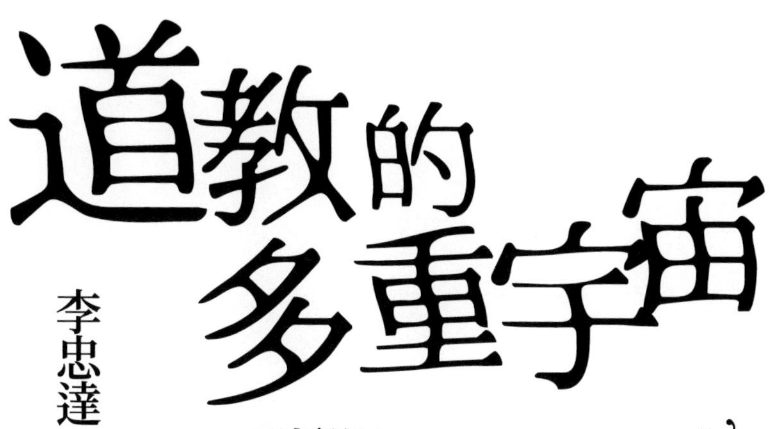

李忠達 著

全面解析道教世界觀與神仙位階，
讓你修仙途中不迷路！

推薦序

國立政治大學宗教研究所教授
謝世維

呈現在讀者面前的，是一本精心撰述的道教介紹性著作。作者李忠達教授是年輕一輩的道教學者，對儒、釋、道的文化都有相當深入的研究。更難能可貴的是忠達願意將這些知識以簡明平白的文字表達出來，對讀者來說是非常珍貴的禮物。

作為年輕的學者，忠達是相當博學多聞的，他的學術研究涉及周易、莊子、丹道與養生、中國神話、中國佛教與禪宗、論語等研究主題。忠達透過思想史的路徑，探討宗教的面向，全面地針對思想背景、觀念與解釋間作一橫向、縱向兼顧的分析。透過跨領域的研究，結合觀念史、哲學研究、宗教研究等，並試圖整合這些學理，為人文學門提供一個新穎的觀點。

在這本著作中，忠達特別將早期的道教文化與傳說，以非常清晰、簡練的文字表達。每個篇章中都鋪陳不少的故事，引人入勝，而這些故事都蘊含了道教的教理與教義，如此一來讀者在閱讀故事的過程當中，能透過歷史典故，瞭解到早期道教的思想要義。

我與忠達相識大約十年，對忠達願意投注年輕歲月於學術研究，尤其願意在道教研究領域上持續耕耘，深感佩服。在當代學者當中鮮少見到具有跨傳統內涵，又能對道教進行細緻精闢研究者，忠達可謂年輕輩學者當中相當出色的一位。更難能可貴的是，他對臺灣社會教育有一份很深的關懷，有一份願力想為臺灣教育盡心盡力。

在一次的機緣當中，我與忠達有機會合作編輯《仙人指路——10個故事帶你進入道教的神秘世界》這一本道教介紹性的專書，其中最主要的還是看重忠達對道教領域的熱忱，尤其對於道教的科普書有著使命。眾所皆知，在臺灣的大專學術環境，年輕教授有著沉重的升等壓力，而在學術評量只重視期刊論文，不看重任何為入門者寫的介紹性教材。

《仙人指路》這本書是一個試金石，這本書由年青一代的道教學者分章來撰寫，由於這是一個非常新的嘗試，而且年輕學者多半會將心力投注在期刊論文的出版，無暇去耕耘大眾讀物的書寫，要邀請年輕學者來從事這項工作，並且在編輯的過程當中不斷地去溝通催稿，實在是一件吃力又不討好的工作。忠達願意花費時間，並且耐心的協調諸位作者，可以看出他對推廣道教文化有著相當的願心。經過近兩年的努力，在忠達的費心溝通之下終於收集到全部的稿件，並且經由忠達引介由秀威出版社出版，這一本書能夠問世，其中忠達功不可沒。而這個過程也種下忠達願意開始撰寫通俗而白話的道教文化書籍的種子，毫無疑問，這是臺灣讀者的一項福音。

本書的每一個篇章閱讀起來清晰易懂，言簡意賅，但是可以看得出來忠達在背後花費非常大的心力做專門性的研究，在撰寫過程中，參考相當多的文獻，從書末附上各章的參考論著，大多是來自國際級學者之作，可以看出這些篇章都建立在扎實的文獻歷史研究基礎上，換句話說，忠達將他多年的研究轉化為易懂的文字，讓大眾可以親近道教深刻的內涵與底蘊。對道教有興趣的讀者，可以在這本書的基礎之上，查考比對、延伸閱讀，進而登入道教堂奧。

本書《道教的多重宇宙》，是從屈原的登天遠遊來說明古代對神仙的想像。從神仙的意象開始，作者探究仙人的階位、先秦以來養生方技，包括服食丹砂、玉漿，以及祝由、吐納、導引和煉丹術等等。本書還論及《山海經》神話當中的西王母形象之轉變，洞天福地的思想與陶淵明〈桃花源記〉的關係、道教如何將大自然的山水轉化為神聖的天書靈文，賦予它驅邪避禍和輔助修煉的功能，進而開展出五嶽真形圖的神聖真形圖像；而泰山治鬼的冥界觀，又如何催生出六朝道經裡描述的酆都世界，甚至融合佛教傳入的地獄意象，進而形成近代的冥界觀。本書最後以道教末世論作為終章，透過魏晉南北朝時期的局勢動亂，鋪陳出末日預言與救主降臨，並帶出道教在末世中勸世人奉道修行，改變命運。

在這些篇章中，忠達從歷史脈絡，說明道教吸收了各種傳統，賦予哲學和修仙的意涵，進而轉化為道教的修煉法門，並逐步建立唐代以後的道教體系。這些神話、神仙傳說關係著「超越生死」的永恆追尋，是漢人的集體潛意識，也是華人信仰的原型，更是普世人類永恆的追求，其中的星宿信仰、巫術儀式、地下世界，彼岸永生，是對死亡觀念的超克，也是華人內在心靈的核心。古代的神話和道教都是在這個核心命題當中建立，也是本書的起點。

本書跨越上古神話時代到唐朝之前，可以算是道教的前史。在宗教上、文化上、哲學上與古代的神話連結，透過作者流暢的文筆，讓讀者在精彩的故事情節當中領略到道教文化之美。我們也企盼忠達在本書之後，能夠繼續開展唐代以後的道教史書寫，而這段歷史，也正是忠達的學術專長，讓我們期待忠達的下部著作。

二〇二四年三月二十三日

踏進道教領域十年想要做的那些事

自從踏進道教研究的領域也已經快十年了。

道教一直以來都是一個神祕的名詞，身邊看到的傳統文化好像每一個都跟道教有關係，又沒辦法嚴格的說出關係在哪裡；好像很多人都覺得自己有資格對道教評論個幾句，又總是少了點什麼。這個領域涵蓋的範圍非常廣泛，廣到什麼都能包進去，深到幾天幾夜都解釋不完，所以常常好像講了很多，又什麼都講不清楚。

偏偏就是這樣一個學校老師從來不教、研究論文又難啃到讓人想哭暈的領域，擁有令我一頭栽進去就不想出來的無窮魅力。

約莫十年前，一次難得的機緣下，朋友介紹我走進師大參加已經延續幾十年的臺灣道教讀書會。當時讀書會正在讀的書是《道法會元》。別說書名我之前聽都沒聽過，討論的內容更是深深的震撼了我。天哪！竟然連自以為研究古代文化多年的研究生如我，都完全不知道有這些東西！

大概是從那個時候開始，我就想把這些一般人很難入門的知識，盡量普及給更多人知道。

這裡面的內容太豐富、太有趣，而且跟社會大眾想像中的道教又有非常多不同之處。如果沒有可靠的研究作為基礎，坊間書籍和網路文章講到天花亂墜的許多內容，一般人根本難以分辨真假。身在學術這座象牙塔的我，覺得自己更應該設法把比較可靠的知識傳遞給大家。

幾年後我來到東海大學任教，利用授課之便，開始惡補過去沒學好的道教知識。恰好這時政大的謝世維老師問我，有沒有興趣合力編一本面向大眾的道教概論書？這項計畫正合我意，邀集包含我們在內一共十位學者之後，我們每人各寫一章，這條道教普及之路的第一本作品《仙人指路——10個故事帶你進入道教的神秘世界》成功在二〇二〇年出版了。

《仙人指路》的出版並不容易。每位作者都學有專精，寫嚴肅的學術論文都是一把好手，但是怎麼把它們變成大眾都能看懂的文字，耗費不少苦心。這次主編的經驗非常珍貴，只是有一件事讓我耿耿於懷：道教值得寫的主題太多，而且不是每次都能找到這麼多人一起寫。雖然一個人來寫未免野心太大，很難不犯些錯誤，可是市面上同類型的書實在太少，非常需要更多人投入。假如書裡有瑕疵，我就大方承認然後改進。懷抱著這種想法的我，便開始規劃本書的寫作。

本書閱讀指南

本書的寫作範圍主要落在上古神話時代一直到唐朝之前。道教畢竟不是憑空誕生的，在宗教上、文化上、哲學上都和古代的神話息息相關，卻又有所不同。它有著獨特的宇宙觀，它要上天入地、穿越有形無形，還要探索生前死後的世界。東漢末年五斗米道的成立可視為歷史上道教誕生的時間點，在道教誕生前，許多宗教觀念已經發展到一定的成熟度，而這些觀念和道法在接下來的幾百年中持續的發展變化。在這本書中，我希望介紹的主要是道教的世界觀，而非道教的發展史，故全書並非以歷時先後為序，而是就下列八個核心主題依次展開：

第一章的天上樂園，是以屈原的登天遠遊來說明古代對成仙的具體想像。神仙的世界是什麼樣子？這關乎星宿的信仰、巫術的儀式，以及人類對死亡的觀念。「超越生死」是人類永恆的追求，古代的神話和道教的建立都不脫這個命題，這是一個必然的起點。

第二章談西王母在《山海經》神話中原是半人半豹的凶惡神靈，後來卻搖身一變成為掌管崑崙山的華貴婦人，這種神格的改變到底是怎麼發生的？現代人只曉得孫悟空偷吃王母娘娘的蟠桃，哪裡知道漢朝人可以為了西王母上街遊行，人龍橫跨數十個郡國，歷時數月。這麼大規模的社會現象怎麼出現的，西王母又是如何被道教吸收到萬神殿裡去，當然值得一起來觀察。

第三章的仙人位階，談的是成仙原來也有分等級高下，這甚至導致很多已經長生不老的仙人會刻意選擇留在地上人間，不願意到天上成為天仙！即使很違反常情，但仙人會做出這種選擇不是沒有道理的。或許聽聽看他們的理由，會徹底顛覆你對神仙的想像。

第四章的道教洞天，說的是漢朝到魏晉南北朝時代，人們如何想像大地底下有另一個世界存在。這裡面有仙人的宮殿、古代文明的遺跡、與世隔絕的居民；也有奇詭的猛獸、珍稀的靈丹妙藥，以及上古大神埋藏起來的秘寶。這麼吸引人的世界就在腳下，很難不讓人心動想去歷險一番。現代人很難理解這一套宇宙觀，不過其實連陶淵明寫〈桃花源記〉都受到洞天觀念的影響，只要好好認識一下洞天，以前國文課本的解釋都必須大幅改動呢。

第五章的五嶽真形圖，是從道教的真名、真形觀出發，接著融合符圖傳統與古代測繪山川地理形勢的地圖技術，發展出獨一無二的真形圖像。道教將大自然的山水轉化為神聖的天書靈文，賦予它驅邪避禍和輔助修煉的功能。

第六章的古代長生術，介紹先秦以來人類養生與追求長壽的方技，包括服食丹砂、玉漿，以及祝由、吐納、導引和煉丹術等等。道教便是吸收了這些傳統，再賦予哲學和修仙的意涵後，轉化為後來的許多修煉法門。現在我們已可結合秦漢墓葬出土文物，以更可靠的證據重回現場，一探當年真實存在過的養生術和生命觀。

第七章的酆都鬼域，重點在說明中國古代還未深受印度文化（佛教）影響時，如何看待死後的世界。中國古代曾經有一段時期認為生與死介於模糊的並存狀態，接著一步步發展出泰山治鬼的類冥界觀，最後催生出六朝道經裡描述的酆都世界。現代人理解的冥界和地獄，是在這層基礎上又融合佛教傳入的地獄意象才形成的。

第八章的道教末世論和救世主李弘，談的是一般人較少聽聞的一段歷史。魏晉南北朝時期，政治局勢動亂，各種週期循環的歲災和罪孽承負的末日論盛行，許多人利用救世主李弘降臨的預言起兵稱王。在時代浪潮之下，道教也不免吸收了末世論，但道教降低了其中救世主的色彩，便同時取消了可作為政治叛亂或造反的理由，代之以鼓勵人們奉道修行，提供民眾改變命運的希望。

由於本書設定的時代比較早，道教在唐代以後的發展就很少會著墨。這無非是很大的遺憾，因為宋以後的道教具有跟過去截然不同的面貌，很可惜在一本書中無法道盡。像是道士有哪些一般人不知道的修煉技術、道教科儀使用的法器有哪些、道教和繪畫藝術的關係、中古佛道兩教大戰、哪些神明是受到印度影響而帶有外來血統、到底道教有沒有男女雙修的說法，還有宋代以後出現的天心、神霄、清微、全真等新道派的歷史……。這些主題只好等未來再寫一本書來講解。

一種關於知識普及寫作的嘗試

以下我想談談這本書在知識普及寫作採取的一些方法。假如各位讀者有學術界的背景，或許會對下面的說明感興趣，當然，也歡迎曾撰寫普及讀物的朋友不吝分享經驗，給予指教。

首先，我認為用簡單易懂的語言講話只是普及寫作第一步要跨過的門檻，但是想要再進步的話，單純把語言改成白話遠遠不足。讀者都很聰明，書的內容有沒有料、寫得有不有趣都看得出來，反應也會非常真實。

以道教科普來說，市面上早就有很多百科辭典式的普及書，全面介紹神明的生平、鬼怪的故事，或者講解宗教建築的特色。再用同樣的方法寫同樣的內容，不只難以吸睛，效益恐怕也很低。要寫，就要挑出學術界經常當作基本常識，但社會大眾卻完全不知道的內容來寫。奇妙的是，這種題材其實非常多，而本書便是想要多少彌補一下這道認知上的鴻溝。

接下來要考慮的是調整一些學術界常見的寫作習慣。論文寫作為了追求精確，文字拗口難讀，徵引文獻繁複是常見的事，甚至有些人會走火入魔，拿到文章不看正文，先看註解多不多，當作知識含量夠不夠豐富的標準。在本書中，我則是希望儘量以輕鬆聊天、分享奇聞軼事的語氣，向讀者講述我在研究道教時發現的有趣情節。

既是聊天，便不需要文謅謅的書面語，不需要在證據效力上斤斤計較，推論可以適度省略，主題可以有些跳躍，還有最重要的一點：有時候要適當的加油添醋，故事才會好聽。古書裡面的記載經常非常簡略，很多學者花了很大力氣才能從斷簡殘編中拼湊出一整套觀點。所以在講述一些非常簡短的文字紀錄或者十分破碎的資料時，我會運用想像力增添一些細節，把故事講得更生動一些。

比如在「泰山治鬼」的章節裡談到蔡支的故事。《列異傳》對故事的敘述很簡略，只提到天帝詢問蔡支家人過得好不好，蔡支回答父母和妻子都已經去世。如果就這樣白話翻譯出來，蔡支失去親人的悲痛和獨自生活的孤單就突顯不出來，所以我就稍微加了點料：「蔡支感覺胸口一陣翻湧，一時間說不出話，低下頭來凝視著自己的杯子，桌上的氣氛瞬間就冷了下來。」

這只是其中一個簡單的例子。如果在做研究的場合，肯定會被批評是腦補臆測、增字解經，不尊重證據。好在普及讀物在敘述上可略有自由發揮的空間。當然，即便如此，也不能信口開河，知識的正確性仍是首要之務。本書在撰寫過程中，參考了眾多文獻，書末擇要附上各章最主要的參考論著，多來自國際級學者之作，歡迎有興趣的讀者自行查考比對、延伸閱讀。

在制定小節標題的時候，我盡可能縮短每一小節的篇幅。我們現在已經很習慣看社群平台上的短文、短影音，資訊吸收大幅輕量化，所以在章節安排上也需要跟進。至於標題的擬定，則是儘量選擇最有趣或有梗的橋段／知識點，但也要避免淪為誇大不實的標題黨。

最後，本書的完成要感謝很多人。最需要感謝的是秀威的編輯鄭伊庭，從之前的《仙人指路》到現在的這本書，都是在編輯的耐心協助下才有可能完成。第二是要謝謝政大的謝世維老師，因為有老師的牽成，這條道教普及的路才會邁出重要的一步。第三是感謝所有曾經參加道教讀書會的師長和夥伴們，正是藉由讀書會，我才能跨過無數道門檻，全面翻新過去對道教的認識。最後要感謝所有的讀者們，有賴你們的支持與鼓勵，道教這門有趣學問的知識普及之路才可以走得更長久。

二〇二三年十月記於東海大學

目次

CHAPTER 3 不想昇天，留在地上才好享福？——仙界的位階大解析

CHAPTER 6

從屍體防腐到古代長生術——看道教怎麼把巫醫的方技改造成修仙秘法

CHAPTER 7

冥界從無到有的歷史——泰山治鬼和道教的酆都地獄

CHAPTER 8

道教也有世界末日嗎？
——救世主李弘的降臨傳說

CHAPTER 1

漫步星辰的大海，
仙界是一個飛翔的樂園

第一次有紀錄的昇天之旅

屈原凝視著矗立在面前的天界之門，在這扇充滿威嚴的恢弘大門背後，隱隱約約可以看到巨大又華麗無比的的天宮。忽然有一瞬間，金黃色的光芒穿透天門的縫隙，閃過屈原的眼睛。還屬於凡人的肉眼似乎難以承受這道光芒，讓他感到一陣眩暈。屈原的心臟怦怦怦的狂跳起來，彷彿感覺到遠離人世進入天界的時刻即將來臨。

是的，屈原用盡一生之力也要踏上這趟旅行，他走的是日月在天空畫過的軌道，他的旅伴是太陽和月亮，而這趟旅程的終點是在天上閃耀著的星辰。神明的宮殿都座落在夜空中閃爍的星辰上，一般人根本不可能去到這些宮殿。但是屈原不一樣，因為他身上流淌著巫師的血液，他在楚國擔任祭祀天地的神官，他的靈魂可以離體神遊，和神明溝通。人類的肉體是有限的，但是在巫術的力量下，屈原可以在神遊時超越肉身的侷限，他的意識可以自由的變化形態，走向那對一般人來說遙不可及的仙鄉。

那天早晨，屈原放下一切，毅然決然啟動他的神遊。他從傳說中舜帝死去的蒼梧之野出發，夕陽時分策馬來到崑崙山頂的縣圃仙境。這裡是天與地的交界，是太陽和月亮在天上出入的關卡。他呼喚神明作自己的旅伴，請太陽神羲和暫時停下腳步不要下山，於是這一天似乎永遠停在陽光燦爛的一刻，不再前進。

屈原牽著馬轡來到太陽沐浴的咸池水邊休息。在他身邊的大樹是座落在世界中心，支撐起天地的若木。若木的樹根深深的扎進大地的最深處，樹幹筆直地像星空衝去，看不到盡頭。若木的枝枒遮蔽住整個世界，無數生命正不斷從這棵樹上誕生。屈原伸手折下若木的一根枝條，像一個不知疲倦的小孩子，一邊對著太陽揮舞，一邊開心的跳舞。

屈原這支舞跳了好久好久，羲和遲遲不讓太陽西沉，彷彿時間為他暫停，他還可以無止盡的舞下去。不過，屈原覺得夠了。他拋棄人間的一切，換來飛升上天的資格，他想要完成這趟旅行，永遠離開人世。他跳上神明乘坐的車駕，月神望舒作他的前導，風神飛廉作他的殿後，鳳凰在他的身邊伴飛，雷神、雲霓之神在左右護衛。很快的，他就來到矗立在眼前的天界之門。

只要屈原下車，打開大門，走進去，他就可以永遠留在天宮，成為星宿眾神當中的一員。天界裡的諸神是什麼模樣呢？歷史上的聖王和賢者死後都回到天上

羲和浴日 （《山海經．大荒南經》）

了嗎？光陰能不能倒流，讓人生有重來一次的機會？宇宙從何時誕生，又何時結束？生命的誕生和死亡有什麼意義？那些困擾著人類千千萬萬年的疑問，即將在屈原面前揭曉一切的奧秘。但是，就在他伸手碰到大門的那個瞬間，一股強烈的情緒從胸口噴湧而出，他不禁回頭看了一眼。不看還好，只是看這麼一眼，屈原的淚水便止不住的滴了下來。

辛酸啊！不甘啊！

屈原在最後關鍵的時刻，流露出屬於人類的軟弱。他畢竟沒辦法忘卻自己的家鄉，還有他深愛的人們。即使他的楚王不信任他、誤會了他、放逐了他，屈原也不忍心放棄他的王。這是多麼高貴，又多麼愚蠢的一種感情？他不能不留戀這片土地上荒謬可笑的人們，還有那注定走向衰亡的楚國。

在人性和神性的纏鬥中，屈原不由得對人性屈服了。跟六朝時修仙的杜子春一樣，他內心最後一絲人性擋住了自己的成仙之路。也就是在這一刻屈原喪失了昇天的資格。一瞬間他從天上跌落人間，回到了最令他心痛但又無法割捨的故鄉。他只能寫下〈離騷〉，在紙上留下自己往天上飛去，短暫離開凡塵俗世的一切。

不是只有屈原渴望登天成神

現代人認識屈原，大概都是從吃粽子和划龍舟開始。再不然就是上國文課的時候聽說他是一位詩人，很愛自己的國家，因為被奸人毀謗而放逐，最後傷心的投水自殺。如果你也只知道這些，那麼真正拿起他的作品來讀，一定會難以置信。因為屈原描寫的那個世界，竟然如此奇幻瑰麗，不似人間。

前文敘述的內容，大體上根據〈離騷〉。〈離騷〉不是特例，《楚辭》裡的很多作品都描述著同樣的昇天之旅。另一篇〈遠遊〉的旅程離開地表之後，來到有九個太陽休憩的湯谷神境。在這裡只有長著雙翼的羽人神生活著。屈原這趟旅程的護衛是風神和雷神，他乘坐的車駕由八條飛龍牽引，飛到太微垣的太微天宮。屈原踏上的天橋，是雙虹神獸的背脊。接著他又見到北斗、玄武、文昌和彗星，拜訪了東方之神句芒、火神祝融和水神宓妃，最後還深入北方的玄冥之境。〈遠遊〉的旅程走得比〈離騷〉更遠，不但到了天外之天的無上之界，還融化到宇宙開闢前那混沌無形的泰初之域。

這些色彩瑰麗、深邃的想像敘事，不是屈原憑著個人的天才創造出來的。它反映出古代對天上星辰神話的想像。神話中絕大多數的名諱，都和人們能觀察到的自然現象相對應。「羲和」與「望舒」是神格化、浪漫化的太陽和月亮，風雨、霓虹、雷電、水火對應的是「風伯」、「雨師」、「飛廉」、「雷公」、「祝融」、「宓妃」等神靈；「北斗」和「彗星」不用說是常見的星象，「太微天宮」是圍繞北極星的三個星域：紫微垣、太微垣和天市垣的其中之一，而「文昌」和「玄武」也都是中國古代四方星域和二十八宿的名稱。

亙古以來人類一直在追問：到底人類在這個宇宙裡，處於什麼樣的位置上？大地是怎麼漂浮在虛空中不墜落的？什麼樣的天柱才能把天給支撐起來？住在天上的神仙到底有誰？天上那些星辰的光芒看來這麼的遙不可及，或許就藏著這些疑問的答案吧！總是有人會看著深邃不見底的湛藍天穹，讚嘆造物的偉大奧秘。

昇天之旅，其實是人們企盼去到肉眼可及的天象之間巡遊，因此想像自己長出翅膀，或是乘著風雲雷電浮游到

東方神句芒（《山海經．海外東經》）

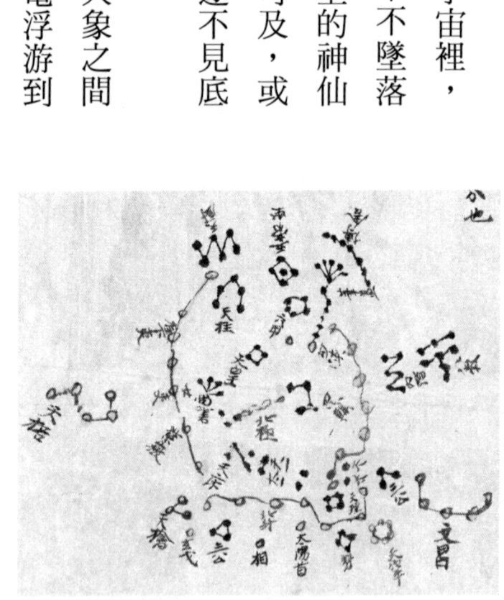

紫微垣敦煌星圖

人力所不可及的天空。得道者能夠解脫形體的束縛，獲得操控大自然的力量，甚至能夠指揮一切神靈，維繫整個宇宙的秩序。而人類也開始大膽想像著成仙的可能性。

這種昇天之旅的想像不是中國才有，希臘哲人柏拉圖在《斐德若》中把人的靈魂比喻成飛天戰車的駕馭者，這輛戰車由兩匹長有雙翼的駿馬拉動，往上飛升到諸神的界域。人類靈魂的羽翼具有諸神的美麗、智慧與良善，若非如此，靈魂便會陷於乾枯朽壞。眾神之王宙斯也駕著馬車在天上翱翔，他站在最前列引領著奧林帕斯山上的諸神，主宰和照料著萬物。在人類靈魂昇天的旅途中，他們要沿著陡峭的道路向上攀登，假如這個人曾經犯下罪惡，兩匹神馬就很難被他所駕馭，這台戰車很有可能降到地面，永遠喪失晉升的機會。

可見人要成神登天是多麼的困難！《莊子》的〈在宥〉篇曾經記載黃帝與仙人廣成子的對話。身為神話中第一位統一天下的堂堂天子，黃帝卻被廣成子嚴厲的痛罵一頓。黃帝在人界的地位尊貴，對於仙界卻非常無知。廣成子說，從泥土中誕生的生命，終將回歸塵土。他終究會離開塵世，進入無窮之門，遨遊無極之野。他的光明與日月相等，他的生命與天地同樣常在。只不過最後「人其盡死，而我獨存乎！」或許對於神人來說，永恆的存在是值得歌頌的偉大成就，而在地面上反反覆覆的死亡和輪迴，則令人感到無比的恐怖。

最後，一開始人們仰望天空所探問的那些問題仍然存在著：人如果能夠永生，永生的仙人是不是就居住在天上？存在的焦慮逼迫出對長生的渴望，讓人們踏出追尋天上樂園的第一步。

走向世界的盡頭

問題是，一般人沒有辦法飛翔，要怎麼樣才能到天上去一探究竟呢？古代人類有兩種主張：第一種認為地與天有一個交界之處，只要人類邁開步伐走到大地的盡頭，就能從交界之處爬上天際；第二種認為有一座巨大的聖山，它扎根大地，又無限的向上伸展，支撐起整個天穹，因此只要從這座聖山往上爬，最終必定能到達高天的星宿世界。

首先讓我們來看看第一種想法。為什麼天與地會有一個交界之處呢？理由很簡單，因為當人們遙望著地平線的彼端，會看到日月每天都要從地平線的一端升起，晚上從另一端西沉。那麼，地平線的終點理論上就是大地的盡頭，人類可以在那裡守候太陽和月亮的到來，和日月做零距離的親密接觸。

問題是，世界的盡頭長什麼樣子呢？古代中國把世界想像成一個方塊型的大地，上面覆蓋著一個超巨型的鍋蓋，鍋蓋的中心是北極星，同時也是整個宇宙的正中央，日月星辰都在蓋子上的弧面移動。這個想法叫做「蓋天說」。按照這個想法，天空這個巨型鍋蓋總有一個和大地的平面銜接的點。站在這裡，人們甚至可以用手直接碰到天空。那麼，在這個交界處之外還有什麼？是一個永遠沒有底部的深淵呢，還是一片虛無？這些問題是還走不到大地盡頭的人們所無法想像的。

另外一種想法主張天與地是連接起來的。這個世界的中央矗立著一座大山，它的高度和廣度對凡人來說難以估量。天之所以沒有垮下來，就是這座高山作為支柱撐起了整個世界。古代中國有共工怒觸不周山，導致天柱傾折，而女媧不得不煉石補天的神話，可以說是這種想法的一種展現。那麼，如果人們想上天一遊的話，只要攀登到這座山的山頂，就可以觸及原本遙不可及的天空了吧！

那麼，這座能夠登天的山在哪裡呢？因為中國的地勢東南低、西北高，河水總是由西方往東方流，最後再進入大海。古代的中國人往西北方眺望過去，只見天邊的地勢越來越高聳，這不禁讓他們產生一個想法：只要往黃河河水的源頭走去，就能夠找到這座登天的大山！在神話中這座山便是「崑崙山」。

根據司馬遷《史記・大宛列傳》的記載，漢武帝的時候張騫奉命出使西域，一路向西走，便曾在途中尋訪過黃河的源頭。他們的目的就是要找到崑崙山，以及傳說中在山上的醴泉、瑤池。他們在皇家收藏的古代文獻中查出崑崙山高兩千五百多里，據說太陽和月亮會停留在山頂上休息，利用山勢擋住自己的光芒，讓地上的日夜能夠輪替。以秦漢時期一華里約等於現在四百二十公尺來算，崑崙山應該有一千零五十公里高，已經在地球大氣層的最外圈，即將進入星際空間。為了驗證這個不知道真假的說法，漢武帝一聲令下，張騫便率領使節團出發了。當然張騫最後沒有找到崑崙山，也沒有發現黃河源頭。這讓漢武帝和司馬遷都很失望，對古代文獻《禹本紀》和《山海經》的神話故事產生了懷疑。

這些古代流傳下來的說法有很多種版本，《史記》的記載只是其中的一種而已。像是晉朝張華《博物志》裡面有另外一種說法是，大地的南北相距三億三萬五千五百里，地表最高的崑崙山廣一萬里、高一萬一千里，高度足足比《史記》記錄的資料多出四倍以上！在這個版本的傳說中，崑崙山的東北方地下三千六百里有一座面積二十萬平方里的「八元幽都」，地底下還有四大支柱，每一支柱廣十萬里，柱與柱之間還有三千六百支橫軸縱橫交錯。每一支地軸的大小都遠超人類的想像，它們共同支撐起了整個世界。傳說地軸之間有很多的空隙，在人類眼裡看來都是深不見底的洞穴，如果有人能夠爬下這些洞穴，找到洞穴中罕見的石脂玉膏吃掉，就能夠長生不死。

東方朔《海內十洲記》則有另一個版本的說法：崑崙山高三萬六千里，距離崑崙山十三萬里的邊際，有一條弱水圍繞。崑崙山的東南側有積石圃，西北方有北戶之室，東北鄰接著大活之井，西南至承淵之谷，這四角共同形成四大山峰鞏固中央崑崙山的形勢。還有更特別的是，這一版本的神話第一次提到崑崙山山頂的形狀成倒三角形，像一個漏斗一樣，北方一角名叫閬風之巔，西方是玄圃堂，東方是崑崙宮，三角的頂端都是天上星辰閃耀的處所。

連接天地的聖山矗立在宇宙中心

這種倒三角形的聖山結構不只存在於中國神話。佛教東傳之後，把印度神話的須彌山引入中國，而須彌山山頂的形狀恰好就是倒三角形的，山頂上的忉利天是天人的居所。須彌山外有七重香水海環繞，而海的盡頭則是大鐵圍山，也可以說是大地的盡頭。須彌山山腳東、西、南、北四方，分別是大地上的四大洲，而鎮守在須彌山上的持國天王、廣目天王、增長天王、多聞天王，便是護持四方大地的四大天王。須彌山山頂居住的天人讓我們聯想到崑崙山上的仙人，倒三角形的形狀相似，香水海對應弱水，四方天王與四大洲的設定則是與四角大山相類。

須彌山和崑崙山的神話當然有很多差異，不能任意類比。不過，人類的神話思維畢竟經常展現出相似性。崑崙山是古人心中的世界之柱，它是天地的中軸，整個宇宙圍繞著這座大山運轉。而且因為它往下是無盡的深淵，向上能窮盡高空，所以也是溝通天上仙境與地上凡間的橋樑。神人、仙人會聚集在崑崙山上，不想飛升上天的仙人會暫時居住在這裡，而有事下凡的仙人們也可以通過崑崙山降臨下界。凡人想要登天的唯一希望，也要倚賴崑崙山。

在這座神山之上還長著連接天地的世界樹。《呂氏春秋》記載，世界中心的大樹名叫「建木」，因為它位於世界的樞軸之下，所以太陽日正當中的時刻，日光垂直向下照射，建木之下不會有傾斜的影子。奇妙的是，在建木之下大聲呼叫，也不會聽到任何聲響。根據高誘為《呂氏春秋》所做的注，建木的樹皮和牛皮、豬皮類似，樹葉呈新鮮的黃色，葉子表面有複雜的網狀葉脈。建木在傳說中的都城廣都南方，是天上諸位稱為「帝」的神靈在天地間往來的通道。如果參考葛洪《抱朴子》的說法，長在建木上的芝草帶有跟纓蛇相同的紋路，果實的顏色則是跟神話中長著五彩羽毛的鸞鳥一樣。如果有人能夠採摘到這種芝草，吃下去便能長生不老，白日飛昇。

世界樹又可以叫做桃都樹。《齊民要術》記載著桃都樹生長在傳說中的桃都山上，每一根樹枝之間的距離都超過三千里以上，整棵樹的大小接近一整座大陸。桃都樹的樹頂住著一種天雞，太陽剛從東方升起的時候，曙光照射到樹木，天雞便會開始鳴叫，宏亮的聲音響徹整個世界。在地面上的雞一聽到天雞帶頭叫喊，就知道天快亮了，也會跟著一起叫喊。早晨雞鳴因此

須彌山

有了神話的解釋。

「扶桑樹」也是世界樹的其中一個名字。東方朔《海外十洲記》說，扶桑樹長在碧海之中，海島上長滿樹林，樹葉都如同桑樹。扶桑樹的生態非常奇特，永遠是兩棵樹木從同一個樹根中生長而出，在向上成長時互相纏繞成麻花辮那樣的形狀。古代人看到扶桑樹兩兩同根、相互扶持，受到感動，於是把他命名為扶桑。據說仙人吃下它的果實之後，全身上下會放射出閃亮的金色光芒，像雷射一樣飛升到虛空之中。

神話中的世界樹雖然不見得都長在崑崙山上，但是他們都與建木有一項共通點，就是生長在世界的中心，作為仙人往來天地的橋樑。世界樹當然不是中國獨有的神話，北歐神話中的宇宙九大界域，就有著類似的神話構造。在北歐神話中，奧丁和雷神索爾所在的阿斯嘉位於世界之樹的頂端，人類居住的米德嘉在世界樹的中間，而樹根之處則是海拉的住所，無盡的深淵黑爾海姆。

四川的三星堆遺址中，曾經挖掘出舉世聞名的青銅神樹，或許跟上古的世界樹神話有某種關聯。這座青銅神樹的高度接近四公尺，是一個成年男性的兩倍高。神樹上總共有九根彎曲的枝枒，每個枝枒上長著三顆果實，總共二十七顆。最有趣的是，每根枝枒上還停著一隻神鳥，總共九隻。九隻象徵太陽的神鳥，這不就是后羿射日的神話嗎？九個太陽的熱力快要把大地烤焦，才讓后羿大費周章地去射日。如果青銅神鳥真的是象徵太陽的金烏，那就表示古代四川的神話恐怕與華夏地區有一部份是相通的。

不只是三星堆的神樹與太陽的神話有關，建木和扶桑樹也都是太陽在天空運行途中的停頓點。《淮南子》認為在黎明時分，太陽會從暘谷中升起，在咸池水中沐浴，接著升上扶桑樹的枝頭。在扶桑樹上停頓的時刻叫做「晨明」，而即將離開扶桑樹向前行進的時刻，則叫做「朏明」。這些神話之間的共通之處，都說明著世界樹位於宇宙中心的特殊地位。

三星堆出土的這尊青銅神樹，顯然是一種儀式性的產品，沒有實

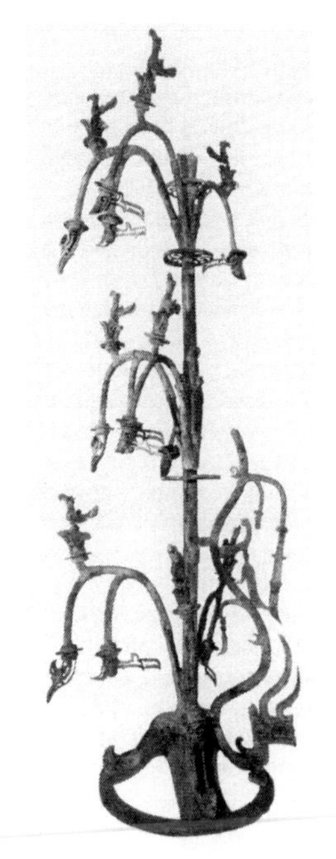

三星堆青銅神樹（薛芃、艾江濤《追尋三星堆：探訪長江流域的青銅文明》）

神仙畫像鏡 建木（小南一郎〈西王母與七夕文化傳承〉）

用的功能。青銅神樹的構造非常複雜，不是用一體成形的灌模鑄法鑄造的。神樹上的每一根枝枒、每一隻神鳥，都是獨立鑄造完成之後，再把所有部件接榫拼合。這種工藝技術不要說在古代極其困難，現代要複製也不是一項簡單的工程。費了這麼大的力氣鑄造的巨大神樹，在當年勢必要傾全國之力才能完成。我們可以想像古代三星堆文明的國王和巫師，為了戰爭勝利、農產豐收，或是為了治療王室成員的怪病，於是架起青銅神樹，開始森嚴的舉行最高等級的巫術禮儀。

古代的巫術世界中，巫師經常會在儀式中象徵性的登天承接神靈意旨，或者是象徵性地讓巫師的小我與上天的大我融合為一。無論如何，登天儀式完成的同時，就相當於對參與的群眾宣告：這裡是世界的中心，是天上的神性在地上的顯現。人與天的共融，賦予了這個國家存在的天命基礎，也為生活在這塊土地上的每個人構築出生命的意義。宇宙從原始的渾沌狀態中，蛻變成為現在有天、地之分的清晰樣貌，人類因此明瞭自己身在宇宙中的地位，也確認了遇到天地變異的災難時，要如何重新與上天的神靈恢復聯結，在神靈的協助下度過種種無法解釋的災厄幽谷。

或許，三星堆的巫師便曾經在青銅神樹下呼喊著神靈的名諱，宣告太陽神已經在聖樹上停歇，這裡是大地的肚臍、萬國之聖殿，神靈已經對他的子民下達旨意呢！

一介凡夫想要不死，要努力做這件事

無論古代還是現代，大部分的人都很清楚自己只是一介凡人，不可能窺探上天的奧秘。假如人能像飛鳥一樣長出翅膀，或許就能飛到天上一探究竟，但是誰又能長出一對真正的翅膀呢？秦始皇、漢武帝和歷代帝王，用盡一切資源，都沒辦法找到神話中記載的世界盡頭，也找不到宇宙中心的崑崙之巔。所以，人類如果想要從有限的肉身解脫出來，一定要找到其他方法。

一九七〇年代，湖南長沙馬王堆挖掘出一座漢代墓葬，是西漢時期長沙國利蒼夫妻的墳墓。在這座墓穴中，埋藏著大量紡織、漆器、陶器、金屬工藝品和一批寫在簡帛上的古代文獻。這批文獻非常珍貴，裡面保存著許多早已失傳的文獻，還有不同版本的《老子》、《易經》等書。

在馬王堆出土的古文獻當中，有一篇〈十問〉就在討論凡人如何養生長壽，進而達到昇天不死的境界。它的原文是這樣寫的：

> 彼生之多，上察於天，下播於地，能者必神，故能形解。明大道者，其行凌雲。

在這篇〈十問〉記載的傳說當中，有一位仙人務成昭已經達到不死不滅的境界。他能夠像龍一樣騰雲駕霧，像流水一樣長逝不息，他與天地陰陽同在，只要這個世界的陰陽造化不至於消滅，務成昭就跟整個天地共享永生。不論是天上或是地下，他想要去哪裡就去哪裡，沒有事物能夠阻礙得了他。這種人如果不能稱之為神，還有誰能稱之為神？

〈十問〉描述了一個凡人如何從日常生活中的養生技巧開始訓練，到最後肉身凡軀的形體消解，隨之凌雲登天的過程。要掌握這種技巧，必須了解：有形的事物總有一天將會消亡，只有無形的精氣能夠隨著大化遷流，自在變形。因此，養生的高級技法包括調息練氣，保存精氣，最後超越肉體的侷限，達到無徵、無形、無體的神人之境。

原來，能操控體內精氣的人是有可能昇天的！

傳說中的仙人是滿天星辰大海裡的居民，他們在大宇宙中自由遨遊。往大宇宙去的旅程異常艱難，但是戰國以降的天人感應論認為天、地、人有相互對應的關係，天上的大宇宙和人體之內的小宇宙相互對應，天上有什麼，人體內就有什麼。雖然肉身凡軀的人類無法在現實世界飛天，但是藉由導引體內精氣的方式，不只能在自己體內模擬飛翔的經驗，而且可以實質地轉化身體，達到與天相應的永生境界。這種渴望和追求不死的技巧，可以說在日後打開了道教世界的大門。

CHAPTER 2

西王母原來是半人半豹的獸娘?!
——災厄與瘟疫之神轉型為永生之神的歷程

天降殘厲的化身，《山海經》裡的豹人王母

西山的王母是一位半人半豹的神明。她蓬亂的頭髮隨意的披散在腦後，血盆大口一張開，銳利的虎牙便閃現著危險的光芒。她的豹尾比蛇還要靈活，在空氣中擺盪出不規則的軌跡。周遭的一切似乎都逃不出她的掌握，任何生物膽敢入侵她的領域，就會立刻被鎖定。

她就是《山海經》裡的西山王母，是「司天之厲及五殘」的瘟疫與災厄之神。三月份的春季末尾，太陽會行經西方的星宿昴宿，屆時王母將現身，釋放昴宿內所蘊藏著的亡骸屍氣。在天空閃爍著忽明忽暗的大陵之星，吸納了一整年所有死亡屍骸凝聚的積尸之氣。隨著王母的引導，終於爆發開來，衝向四方世界。這個三月不是繁花錦簇的萌發生機，而是地下埋藏的惡鬼和怨氣化為尸鬼，一年一度重回地表追殺生人的時節。在天上呼應東方分野的五殘之星同時發出刺眼光芒，對世人預告大地五方毀敗的

《山海經》中的西王母與狡

惡兆。

王母身後跟隨著兩匹奇詭的異獸。「狡」的體型跟獵犬相近，頭上長著兩隻牛角，毛皮帶有豹紋。牠的喉嚨中嗚嗚的低吼，像是厚重的烏雲中響起的沉悶雷聲，倘若活人聽見牠的吼聲最好趕快逃向遠方，因為狡一旦現身必定會毀滅所有糧食，帶來巨大饑荒。與此同時，火紅色的「勝遇」在王母頭上拍打著翅膀，與牠鮮明吉慶的羽毛顏色恰好相反，勝遇的神力是召喚洪水，讓大地陷入藍色的汪洋之中。

根據《山海經・大荒西經》的記載，王母不是居住在人造的宮殿，而是像野獸一樣居住在崑崙山上的石穴中。除了虎齒、豹尾之外，她特別喜歡在頭上戴著一種叫作「勝」的髮飾。漢代古墳裡面出土的器物和建築上，經常可以發現刻畫著「勝」的紋路。這種「勝」常常成雙成對出現，中間有一根長槓貫穿。它的主體是一個類似銅錢的圓形，上下各自再加上一個梯形。

「勝」可不是單純花樣漂亮的裝飾品而已。勝的紋路具有特殊的力量，所以勝本身就是巫術或超自然力量的神聖符號。它可以禁閉鬼

左｜「勝」的形貌
（參：小南一郎〈西王母與七夕文化傳承〉）

右｜西王母戴「勝」的畫像
（參：《中國美術全集19》，繪畫編・畫像石畫像磚）

怪、驅趕邪魔，也可以施予福澤。門戶上的守門獸嘴裡會叼著勝，古墓裡雕繪出的一組組相互揖拜的人物頭頂上會有勝的印記浮空出現，甚至是用好幾組勝的紋樣把牛、蛇和醜惡的鬼怪圍繞起來。

因此，王母可以說是勝的神力的主宰者、掌控者，或許是她的強大神力賦予了勝驅邪的力量，又或許是她裝備著具有超自然力量的「勝」作為法器。這個圖案永遠和王母的存在連繫在一起。

整體來看，這是一個魅影幢幢、魍魎橫行的神話世界。這個世界對普通人類並不友好，野獸有強大的力量，他們多半不仁慈和善，反而非常殘酷野蠻，凡人與他們相比簡直無比脆弱。弱小的人類如果能與野獸結合，便擁有了神力和智慧，叱吒一方不在話下。普通人類想要迴避災難，則只好在每年三月固定舉辦儺祭，祈求王母和她所統治的異獸不要讓災禍爆發。

神秘的上古天書《山海經》

恐怖的西王母形象出現在上古奇書《山海經》裡。這部書可以說是一部天書、巫書、謎書，古代已經失傳的奧秘似乎就收藏在它艱澀的文字背後。這本書裡的內容包羅萬象，舉凡天文、地理、山川、礦物、動物、植物、部落、巫術、醫藥、風俗，古代社會對於宇宙的理解和與諸神有關的知識，都像百科全書一樣記載下來。《山海經》記載著大量上古神話，如果不是靠它的流傳，很多口傳時代傳誦的神話史詩，現在恐怕都要消失無蹤了。

這麼荒誕不經的書在古代更為稀有，除了皇家的藏書庫中收藏以外，哪怕是再有錢有勢的皇親國戚，大概一輩子都沒見過。它原本只是各地秘密流傳的一些斷簡殘編，大約在戰國晚期到漢朝初期被初次編定。到了西漢末年兩位希世天才的手裡，《山海經》才正式成書。

這兩位編書的天才學者恰好是一對父子，父親叫做劉向，兒子叫做劉歆，都是有漢朝宗室血統的貴族。劉向和劉歆不但頭腦靈活，從小浸泡在皇室典籍的經驗也讓他們的學問遠遠超越同儕。後來朝廷便指派他們專門負責管理皇家圖書館的藏書。古往今來任何奇聞軼事，都在他們的掌握範圍中。這下《山海經》神話問世的時機總算是到來了。

劉向在整理皇室祕笈時，無意間發現淮南王劉安收藏的鴻寶苑秘書。劉安在漢武帝時代曾經是名震一時的地方藩王，他廣招門客數千人，最喜歡學習各種方術和光怪陸離的遠古神話。可惜他家門不幸，兒子、孫子爭奪繼位的權力，失勢的一方跑去對漢武帝誣告劉安要造反。劉安的下場沒有絲毫懸念：他被迫造反失敗，只能選擇自殺身亡。他的親屬全部被猜忌心強的漢武帝給族滅，曾經盛極一時的淮南國和數千名賓客全部被殺。

就是這位含恨而死的劉安被抄家之後，《山海經》才進了皇家藏書庫。這些充滿煞氣和怨恨的淮南王藏書，記載著讓施術者驅使鬼神的咒術、傳說中陰陽家祖師鄒衍創造的長生延命方，以及海上方術士的鍊金之術。然而劉安的遭遇恐怕已經預告了這部書纏繞著不祥的氣息，翻閱它的人恐遭逢凶險的厄運。

劉向看到這部秘笈之後非常興奮，迫不及待地把這件事上奏朝廷，還獲得一大筆經費蒐集礦物來鍊金。不過劉向畢竟還是太天真了，不知道是鍊金術的藥方錯誤，還是他的解讀有錯，劉向耗盡了一切政府提供的資源，竟然連一丁點的黃金都沒煉出來。這下劉向立刻因製作假黃金斂財而被彈劾，差點被殺。晉朝的煉丹專家葛洪談到這件事的時候說，劉向一定是按照字面上的意思去找鍊金的原料，他不知道那些名詞都另有所指，沒有真正的仙人和老師傳授秘訣，難怪會失敗！

不過，一次鍊金失敗雖然讓劉氏父子元氣大傷，至少沒有死於非命。傳說劉向、劉歆父子都擅長望氣，能占斷陰陽造化，而且因為劉歆和王莽的交情很好，所以在王莽篡漢稱帝之後成為新任的國師。只是災厄並沒有就此放過這對父子，劉歆身為漢朝宗室、新朝國師和新君王莽的好友，他知道的祕密太多了。在王莽政權日益不穩即將覆滅之際，有一位道士西門君惠預言劉歆上應天命，即將恢復漢室。王莽不願相信，但又不能不信；事情牽涉到天子的大位，再過命的交情也容不下另一位可能的篡位者繼續留在身邊。王莽首先抓捕劉歆的兩個兒子處死，劉歆被迫策畫叛變，王莽抓住機會殺死劉歆。這位曾經不可一世的天才，最終還是落到家破人亡的淒涼下場。

劉歆藉著劉安遺物和皇室典藏編出來的《山海經》，託名為夏朝聖王大禹及其重臣伯益的作品。這只是古代沒有著作權觀念的時候，替自己撰寫的書籍拉抬聲勢的手段，幾乎可以確定是假的。不過書裡面收藏的神話傳奇，必定來自一個比漢朝更古老的時代。在這個奇幻的神話時代裡，人類只是世界上相當孱弱的一種生物，人類和神靈雜居在一起，神靈、人類和動物沒有明確的分界，人類世界以外的國度充滿奇形怪狀的居民。

很多書中的神靈，都是人獸合體的形象。這是一種來自於非常遙遠古代的宗教意象，遠到已經沒有人能夠說得清

相柳
（《山海經・海外北經》）

崑崙神
（《山海經・大荒西經》）

崑崙山守護獸開明
（《山海經・海內西經》）

楚，只能深深的對這些恐怖的精怪感到顫慄。像是人身虎尾的泰逢神，據說可以任意驅使天地之氣；東山神在頭上長著兩隻羊角，最喜歡人類獻上牡羊和黍米的祭品；北山有二十位神靈馬身人首，十位神靈豬身八足，背上載著玉石；龍侯之山的人魚神雖然有魚的身體，但又長出四隻腳來，說話聲音像嬰兒的啼哭，型態非常的妖異；北山之神人面蛇身，灌題之山的竦斯人面鳥身，長乘神人體犳尾，陸吾神人首虎身、虎爪九尾，鍾山的鼓神龍身人面，西山的七名飛獸之神人面牛身，並且多長出一隻手臂持杖而行。其他還有各種三個頭的三首神，長著雙翼的羽人神，騎乘雙龍的火神祝融，斷頭之後還繼續揮舞干戚的刑天，永遠用右手遮住臉部的女丑之尸，九頭蛇相柳氏，人臉蛇身、身長千里、不飲不食的燭陰……等等。或許西王母在這群詭異的神祇當中，也還不算是最恐怖的呢。

漢朝人的永生之神西王母

上古神話裡妖異的災厄之神西王母，在漢朝忽然轉變成賜予人類永生不死的仁善之神。這麼劇烈的神格轉變，讓很多學者都好奇：究竟漢朝發生過什麼大事，能讓長久以來的遠古神話徹底改頭換面？我們很難百分之百保證為什麼漢朝人的信仰發生轉變，這可能牽涉到非常多歷史、文化、宗教上的問題，甚至不能排除歷史的偶然性在內。但是，西王母真的變了，她變成大量刻劃在漢代墓穴裡的神明，負責將亡者接引到天上世界享受永生之福。

后羿射日、嫦娥奔月是很多人耳熟能詳的中國神話，不過幾乎所有人都把焦點放在這對怨偶變質的愛情，而沒發現后羿最初是從誰手上求得不死仙藥。沒錯，永生的仙藥就是西王母賞賜的！

這段故事最早可以追溯到《淮南子・覽冥訓》的記載：「羿請不死之藥於西王母，姮娥竊以奔月。」《淮南子》書名的「淮南」，就是那位被迫謀反，而被漢武帝抄家滅族的淮南王劉安。《淮南子》收錄許多已經被遺忘許久的古代神話，非常符合會蒐集驅邪法術和煉丹藥方的劉安喜好。嫦娥奔月的故事告訴我們，最晚在漢武帝的時候，西王母已經是一位生命的保護者，是賞賜人類永生不死的關鍵神祇。

嫦娥的永生和奔月之後的月兔與吳剛，在在表現出人們受到西王母信仰的刺激，從而對永生仙境衍生的豐富想像力。漢代古墳裡面常見的器物，像是畫像磚、銅鏡、帛畫、玉飾等文物中，經常能看到西王母的形象，她是過世的亡者在死後所能依賴盼望的神祇。她的手中掌握著打開仙界大門的權柄，青鳥是她的信使，九尾狐是常伴西王母左右的瑞獸。西王母所居住的崑崙山，不只是溝通天與地的宇宙中心，山上的景象從《山海經》的蠻荒與奇詭逐漸轉為富麗堂皇的仙宮「天墉城」。西王母的形象也開始擺脫半人半豹的凶惡獸形，忽然變成了服飾華美、雍容大度的慈祥貴婦。

墓穴裡的接引者

從獸人變成貴婦，這大概是西王母信仰發展過程中最引人注目的部分。現代的墓葬挖掘出土大量漢代文物，都可以證明西王母在漢朝人心中的形象與《山海經》神話大不相同。

陝西北部綏德軍劉家溝的漢代古墓出土一塊墓穴入口的石製橫額，額上的畫像可以看到西王母穿著寬敞的袍服，頭上戴著標誌性的勝，腹前的雙手藏在衣袖中，從容地盤坐著。她的左右兩邊各自跪著一名侍者，恭敬的對她行禮，準備聽令。靠近畫像石中央有兩隻玉兔正在賣力的搗藥，玉兔的左邊兩隻鳥則是西王母的信使青鳥。這幅畫像還可以分成東、西兩端，西王母坐在西側，左邊的圓圈中

陝西漢墓墓門橫額上的西王母（小南一郎〈西王母與七夕文化傳承〉）

有一隻蟾蜍，代表月亮；而東側乘坐三隻飛鳥拉動車駕上的應該是東王公，右邊圓圈中的金烏代表著太陽。

在畫像上，西王母、不死神藥、月亮的神祕關係被描繪了出來。日本學者小南一郎解釋這塊畫像石的時候說，畫面右端的東王公象徵太陽，太陽每天從東邊出發往西方的女神處飛行，從不死神藥中獲得再生的能力，第二天便有力量重新從東方出發，繼續著他永恆的旅程。這就是日夜循環的起源。這塊畫像石被放在墓室的入口，代表埋葬死者的時候，祈願亡者能夠像太陽神一樣獲得西王母掌管的不死之力，從而得到永生。

西王母身邊還會出現幾個比較有意思的動物。四川出土的漢代畫像磚裡，尊貴的西王母坐在華蓋底下，座位左右兩旁各有一龍一虎，這叫「龍虎座」。正前方是跳舞的蟾蜍，右下角是手持靈芝仙草的玉兔，最左邊一名獸首人形的護衛手持戈戟，戟下是信使青鳥，至於畫面最右端的動物則是神獸九尾狐。

早期《山海經》神話中的九尾狐雖然也有會吃人、比較殘忍的性格，但是在漢朝則是吉利的象徵。東晉的學者郭璞

四川出土的西王母畫像磚

說，青丘之國的九尾狐在天下太平的時代才會作為祥瑞之兆而出現。

另外在《吳越春秋》的記載中，夏朝的天子大禹有一次在塗山的山上巧遇九尾白狐，大禹瞬間不淡定了，他知道自己三十年的單身生涯即將結束了！——大家千萬不要誤會，《吳越春秋》畢竟不是《白蛇傳》、《聊齋誌異》這種鬼怪小說，所以大禹和白狐的邂逅很單純，白狐不會突然變成美麗的女郎，人類和狐狸是不能跨物種結婚的！很遺憾大家期待的人狐戀情沒有發生。

其實以古代的標準來看，三十歲的大禹是高齡未婚，他一直忙著當公務員治水，很怕一輩子結不了婚、生不了娃。所以當他看見瑞獸白狐，知道這塊地方聚集天地靈秀之氣，找對象的天時、地利總算齊備，才會那麼開心。當地人唱起歌來讚嘆著這個祥瑞之兆：「綏綏白狐，九尾龐龐，成于家室，我都攸昌」，於是大禹便娶了塗山的女嬌為妻，生下夏朝的繼承者啟。不過大禹或許不是一個合格的丈夫和老爸，因為他結婚之後一樣天天跑出家門治水，女嬌一個人在家帶小孩，生活得很辛苦。

不過話說回頭，九尾狐在當時人的心中是王者降臨的祥瑞，和後代把它妖魔化的形象天差地遠。西王母身邊有九尾狐，也是象徵著她身為永生之母的尊貴身分。為亡者祈願永生，這是西王母大量出現在漢墓中最恰當的理由。

西王母頭上的華蓋經常搭配植物的藤蔓，一般人可能以為那只是一種裝飾性的紋路，但小南一郎認為這其實是象徵著世界樹的枝條，西王母坐在支撐起整個宇宙的世界樹之上，帶領著世上的一切生命走向永生。

在另外一些漢代的畫像磚上，西王母有時會長出雙翼在天空飛翔。不過，這種形象和《山海經》裡那種野性的獸人是不同的。長出雙翼的西王母通常仍然保持著貴婦人的華麗服飾和從容姿態，她背上的翅膀是仙人凌空翱翔的象徵。《山海經》中的羽人國本來就有長出翅膀和羽毛的神人飛翔的傳說，所以羽翼是一種附加性質的裝備，它代表的是王母超越了時空的限制，在天上世界自在地施展她的神通。

在山東微山縣出土的另一幅西王母畫像石，西王母不但自身長出羽翼，她的左右兩側都有人首鳥身的羽人神護衛著，腳下的寶座是由另外兩隻神鳥延伸的尾巴所構築。這兩條延長的尾巴像是巨大的兩條蛇，相互纏繞盤旋成

山東微山縣出土的西王母畫像石
（參：《中國美術全集19》，繪畫編．畫像石畫像磚）

鎖鏈的形狀，共同撐起坐在上方的尊貴王母。事實上，漢代畫像中經常出現伏羲、女媧人首蛇身，延長的蛇狀身體相互纏繞的圖案。這也是當時一種表現神性的方式。而在這幅畫像中的西王母，身旁還盤旋著許多道雲氣，證實她確實是展翅凌空，俯瞰著芸芸眾生的天上神仙。

說到底，漢朝人信奉西王母，主要還是希望從她身上獲得不死的神力。湖南長沙馬王堆軑侯夫人「辛追」墓曾經出土過一件非常著名的衣服，可能和西王母有關。

辛追是古代屍體防腐技術的見證者，當考古學家破開墳墓的時候，赫然發現浸泡在暗紅色溶液中的辛追，她的皮膚還是柔軟的，血管的顏色跟剛死亡的時候還很接近，手臂上的血管壁肉眼可見。她的內臟器官完整，全身沒有明顯的缺損，或許這位長沙國丞相利蒼的夫人真的期待能跨越兩千年的時光而復活！

不過在現代醫學的解剖之下，辛追的健康情形其實相當的惡劣。她不但冠狀動脈硬化、膽囊畸形、膽結石，腸胃裡面還發現各種寄生蟲，顯然生活環境的衛生條件相當不佳。因為辛追的胃裡有一百多粒沒有消化掉的甜瓜子，可見她應該才享用完新鮮的水果不久，就因為動脈裡的血塊阻塞導致心臟缺氧，最後死於急性的心肌梗塞。雖然辛追死得一點都不浪漫，但長沙王的醫生盡責地替她全身裹上二十層的衣服，精心製作成防腐的木乃伊，再放進棺材安葬。這份對於不死的祈願，讓辛追的遺體頑強的存續到了今日。

既然要仿效后羿、嫦娥追求昇天不死，辛追的墓裡怎麼可能缺少掌管永生的西王母呢？軑侯夫人墓裡陪葬的非衣帛畫，畫的是漢朝人想像的死後世界。這幅帛畫最底下是兩條相互纏繞的鰲魚，象徵的是九泉之下的亡者世界。兩側長著羊頭的守護者，是保護棺材中屍體不要腐化的神靈。畫面中央的女子是即將離世的軑侯夫人，她在左右兩頭騰空飛躍的蟠龍包夾之下，形成一種往上飛翔的態勢，避免向下墮入黃泉。而在天上世界的大門背後，左邊的玉蟾是月亮，右邊的金烏是太陽，浮在最上方中央的神人半人半蛇，她很有可能就是西王母的化身。

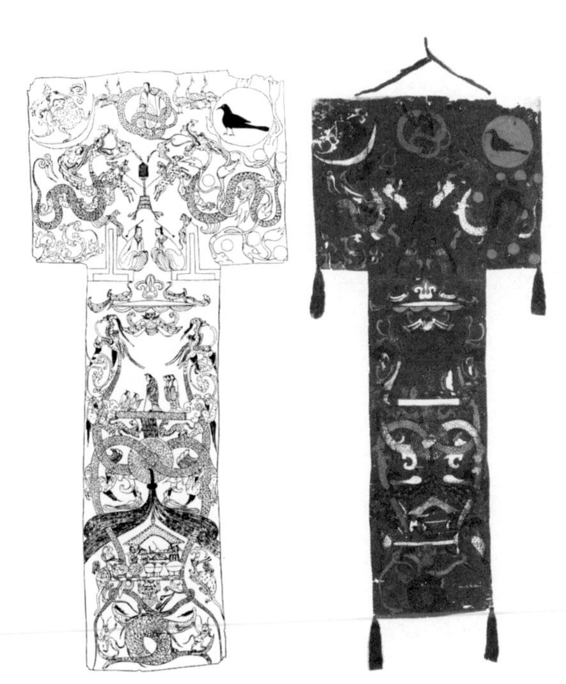

馬王堆漢墓T形帛畫（《長沙馬王堆漢墓簡帛集成》）

辛追有沒有昇天姑且不論，然而她那具超越兩千年光陰的屍體，最後卻被現代人搞壞。辛追的遺體出土後被送到各地博物館展覽，缺乏文物保護專業的工作人員，竟然直接把屍體放在露天的臺座上對民眾展示，很多民眾還能直接用手摸一下。不意外的，辛追的屍身迅速崩壞，面容變得扭曲而醜陋，似乎在控訴著毀掉她心血的人。

千里大遊行：西王母的「行籌」事件

漢朝人對西王母的信仰不只反映在墓葬裡，它還可以驅動百姓、把群眾的力量凝聚起來，發動橫跨全中國的盛大遊行。宗教的力量在此刻變成了現實，它不是張角掀起黃巾之亂這種由宗教領袖鼓動的群眾運動，而是沒有任何人操控全局，群眾自發的宗教大集結。這就是牽動上千里封國的「行西王母籌」事件。

這次事件發生在漢哀帝建平四年，相當於公元前三年。漢哀帝是西漢滅亡前夕在位的倒楣天子，年僅十八歲就莫名其妙當上皇帝。他只愛男人，不愛女人，在古代的王朝裡沒有後嗣是動搖國本的大問題，所以漢哀帝一直被催著生小孩。即使身為皇帝，他的生活也沒有特別順遂。最愛看摔角比賽的他，竟然生了一場怪病，四肢痿痹，使不上力氣，活得十分痛苦。在他短短六年的統治期間，強大的外戚王家一度退出中央，但隨著哀帝的崩殂，王莽立刻回到朝廷掌權。這似乎也象徵著西漢的滅亡開始倒數計時。

就在哀帝死前兩年，在他統治下的二十六個郡國道路開始不平靜了起來。百姓不知道感染上什麼末世的恐怖氛圍，被一種詭譎的力量刺激，爭先恐後地跑出家門走上街頭。他們每個人手上都拿著穀物或木製的長條形棒子，像是接力賽跑一樣，一個人傳給下一個人。這支棍子被叫作「詔籌」，它象徵著人們接收到了西王母的神諭，手上只要拿著「詔籌」當作信物，就能得到西王母的庇佑而不死亡。

離家參與行籌的人數越來越多，同一時間有幾千人一起在街道上遊行，他們像著了魔一樣不斷往前走。不管路上有什麼阻礙，碰到關卡就繞路，碰到城池就翻牆，路上碰巧有車馬就搭車騎馬繼續走。條件差的人也不管有沒有鞋子，赤腳走路也要繼續前進。他們就這樣瘋魔似的走過了二十六個郡國，在長安城裡的每條巷弄裡面披頭散髮地跳起舞來，高聲歌唱。這種癲狂的行為，活像一幅鬼怪橫行於世的長幅卷軸，卷軸一直展開卻一直看不到盡頭。

這些行籌的人設置了酒食祭拜西王母，還告訴彼此，每一個願意行籌的人都會受到不死的庇佑。假如有人不信的話，回家檢查一下大門口的樞軸，可以在樞軸的底下發現一束白髮，那就是西王母神力加護你們家的憑證！

這次的行籌事件是漢哀帝時期震動朝野的巨大社會事件。前前後後牽涉成千上萬民眾，從地方上數十個郡國一直延伸到京師，造成了廣大的轟動。不論原因為何，沒有人能裝作視而不見。西王母在這時已經是護佑生命的母神，如果發揮一點想像力，或許當時的人民敏銳的嗅到了某種巨大災難的迫近，在大劫將臨的恐懼之下，不得不向慈悲的西王母祈禱，也未可知。

這就是漢朝人對西王母的祈願：引導亡者不要墮入地下，而是被她接引到天上神靈所居住的世界，永享仙福。漢朝人的世界觀還沒有受到佛教帶來的印度文化影響，還沒有產生地獄的觀念，所以他們相信人的生命只有一回，不論生前或死後的世界也都只有一個，死後的亡者不是往下進入黃泉，就是向上升到天庭。西王母作為關鍵的接引者，怎麼能不虔誠地敬拜她、朝禮她呢！

東、西神明創世論

崑崙山在神話中是天與地之間的橋樑、宇宙的中心，西王母君臨崑崙山，自然有至高無上的神格。不過，漢朝人不但讓西王母變成永生之神，還不忍心她形單影隻，活生生創造出一位與她並列至尊的「東王公」。於是漢代的古墓中，西王母開始和這位「東王公」組隊現身。

題名東方朔的《神異經》曾經渲染出一套西王母、東王公的創世神話。在神話中，崑崙山上有一頭神鳥「希有鳥」，神鳥的體型大到不可思議，光背上有一小塊禿毛的部分就有九千里平方大。希有鳥一展開雙翼就能夠遮蔽住整個大地，讓世界陷入徹底的黑暗。傳說牠的左翼延伸到東王公所在的地方，右翼伸展到西王母所在的地方，為世界東西兩端的極盡之處搭起羽翼之橋，每年西王母都要通過鳥背拜訪東王公。西王母拜訪完回到家的時間是一年，於是世界開始有了年，整個宇宙因為兩位神明的存在而變得井然有序。

這一對神明中，西王母代表西方、大地、崑崙山、月亮、女性、陰性，東王公代表東方、海洋、蓬萊瀛洲方丈三神山、太陽、男性、陽性，配對得非常整齊。請大家注意，古代神話看起來越有邏輯、越系統化，就可能是越晚創造出來的東西。因為遠古的人抽象思維沒那麼發達，要等到諸子百家創造各種理論之後，漢代流行的陰陽五行思想才足以生出這一套井井有條的敘事。而且，這也是未來道教汲取古代神話元素的標誌性作法，是系統性宗教建立的濫觴。

當東方天子遇見西方女王

東、西方兩大神明的勢力對峙，古代小說開始想像東、西方人碰面的經過。《穆天子傳》拿西周第五代天子周穆王當作材料，講述一套周穆王往西方朝見西王母的故事。不過，為什麼是周穆王？為什麼不是周文王、周武王、周公呢？創作古代小說的作者或許沒有那麼明確的理由，不過歷史上的周穆王確實曾跟西方的國家有所接觸。

在公元前十一到前十世紀左右，周朝的國力強盛，周穆王四處帶兵征戰，兼併了許多部落。在《穆天子傳》裡，周穆王南征北討，一路往西前進，最終來到了西王母統治的邦國。西王母是一位高貴的女王，東方天子和西方女王的見面可不能馬虎，雙方鄭重的選定一個好日子，周穆王戴著白色的玉圭和黑色的玉璧作為獻禮，前往拜見西王母。兩位天子碰面時以禮相待，舉止文雅，兩人的地位相當。

西王母與東王公（《月旦堂仙佛奇蹤合刻》）

交換完禮物之後，雙方到瑤池舉行酒會。某種曖昧的氣氛似乎在空氣中浮動著……西王母興致一來，便為周穆王唱出一首情歌。這段歌詞的內容也不曉得是不是現場填的詞，它訴說著東、西兩方國度的距離如此遙遠，如此多座崇山峻嶺阻擋兩邊的往來，當周穆王回到東方之後，即使能夠長命百歲，又哪裡有機會再來到西方與我重新相聚呢？

難道這首歌唱出了西王母的真心嗎？周穆王察覺西王母的歌曲非同一般，立刻回應了另外一首歌。周穆王唱的歌曲是一項堅定的承諾：你等我三年，我們約定好了，只要三年我就回來！等我回到東土，把國家安頓好，讓人民的生活和樂，我一定會回來見你的。

但是，在這樣萍水相逢的場合裡許下的諾言，又能夠耐得住多少現實的考驗呢？男人的嘴，騙人的鬼。周穆王最後畢竟只是出一張嘴，而沒有真的兌現他的承諾。他回到東土以後，就再也不回頭了。他說這是因為百姓都仰賴著他，所以每個人都流著眼淚滴著鼻涕求他不要離開。穆王最後不忍心，才斷了與西王母再見一面的念頭。可是誰又知道他講的話，有多少是真心的呢？

《穆天子傳》裡的西王母坐鎮西方，與周天子地位平等，但是到了漢朝，西王母的地位卻降低了一大截。西漢編撰的《大戴禮記・少間》說虞舜作天子時，功德廣布天下，北方幽都、南方交趾、西方西王母無不受到他的德行感化，來朝見天子。西王母還特地製作了白色的玉製六孔笛，當作西方邦國的獻禮。《竹書紀年》甚至顛倒了《穆天子傳》的主次關係，把周穆王與西王母的會面說成是西王母主動來朝見的。看到了嗎？古代人也是懂得打宣傳戰的。漢朝人覺得自己強大起來了，當然該以東方為主，西方為客。他們漢人是中心，四方部落只有來朝見漢人天子的份，沒有天子去拜訪西方的事。

版本越晚，故事變形得越多。晉朝張華的《博物志》說西王母不是去朝見周天子，而是去朝見漢武帝。漢武帝這位以愛好怪力亂神聞名的皇帝，很願意花大錢煉丹和祭神。歷史上他曾經五度封禪泰山，祈求至尊之神安鎮天下，庇佑皇帝。漢武帝也曾延請仙人李少君來煉丹。據李少君所說，只要漢武帝虔誠齋戒懺悔，潔淨身心，再用丹砂煉成黃金器皿吃飯，就能獲得永生。可是，李少君卻在漢武帝煉出黃金之前就死了。漢武帝長生的大夢終究沒有實現。（詳見本書第六章）

這樣一位在求仙路上一挫再挫的漢武帝，在《博物志》的故事最後，仍功敗垂成。故事本身很明顯有模擬《穆天子傳》的痕跡，只是改成西王母來見東方天子，然後添加一些神話的元素。據書上所說，西王母在七夕頭戴七勝，乘坐紫雲車凌空而降。因為漢武帝之虔誠感動神明，西王母才決定現身說法。西王母的身邊有標誌性的青鳥在旁陪侍，四周青氣環繞，在人間的宮殿渲染出一個青紫色的神聖空間。

西王母拿出五枚蟠桃給漢武帝吃。漢武帝一吃，立刻通體舒暢，果然是只有天上神仙才能享用到的滋味。他偷偷藏起蟠桃的果核，打算以後自己種，但是這個小動作沒有瞞過神通廣大的西王母，西王母立刻笑著告訴漢武帝，這一顆蟠桃要長三千年才結一次果實，你現在種果核也沒有用的。《博物志》沒有兩人會面後續的記載，但無法種桃的情節似乎已經預示了漢武帝想要長生的希望終歸要落空。

道教的仙術粉墨登場

道教成立之後，發覺西王母的故事很好發揮，晉朝的上清經典便把它改編成一部傳授仙術的《漢武帝內傳》。

這個版本的故事同樣從漢武帝齋戒懺悔，虔誠的向神明祈願開始。漢武帝的誠意感動了西王母，因此女神從天上降臨，準備傳授漢武帝一套《五嶽真形圖》。不過，這部道教創作的小說最精采的部分，應該是西王母怎麼惡狠狠地把漢武帝痛罵一頓。小說用上將近一半的篇幅批評漢武帝發動戰爭、殺傷人命，興建大量工程導致民不聊生。接著又罵漢武帝貪婪好色、心思淫穢，把人間搞得烏煙瘴氣，害西王母降臨後，覺得被迫要待在這個被汙染的噁心地方。而且，西王母雖然傳授道術給漢武帝，可是斬釘截鐵地預判漢武帝絕對不可能修成仙道。

嗯，看來道教的西王母對人間的天子一點都不假詞色，兇惡得很！根據西王母的說法，她只不過是因為漢武帝誠心齋醮，假如她不顯露神通的話，怕其他眾生對道教失去信仰，才勉為其難把《五嶽真形圖》交給他。西王母接著又請來了一位女仙上元夫人，上元夫人又一次把漢武帝從頭到腳數落了一遍，直到漢武帝害怕得跪地求饒，才答應請青童君傳授他一套「六甲靈飛十二事」的道術。

漢武帝如此憋屈才求來的道術，到底是什麼法術呢？「六甲靈飛十二事」總共有十二種，每一種道術都有非常帥氣的名稱：

第一：五帝六甲左右靈飛之符

第二：六丁通真遁虛玉女之籙

第三：太陽六戊招神天光策精之書

第四：左乙混沌東蒙之文

第五：右庚素收攝殺之律

第六：壬癸六遁隱地八術之方

第七：丙丁入火九赤班文之符

第八：六辛入金致黃水月華之法

第九：六巳石精金光藏影化形之方

第十：子午卯酉八稟十訣六靈威儀

第十一：辰戌丑未地真曲素之訣曁長生紫書地三五順行

第十二：寅申己亥紫度炎光內視中方

這十二種道術的內容在《漢武帝內傳》裡沒有詳細的記載。不過，上清經典有許多內容是可以互通的，因此在周季通的傳記《紫陽真人內傳》、陶弘景《真誥》、《上清大洞真經目》，都能發現這十二種道術的記載，只是名稱稍有不同。

至於這十二種道術中的第六項隱地八術，可以在另外一部道經《上清丹景道精隱地八術經》中查閱到，裡面收藏的八項法術首先是要呼召上天雲氣化為蒼龍、玄兔、鳳凰、麒麟、神虎、螣蛇、玄龜和一頭九色神獸護衛自己的心神，然後展開藏匿身形的隱身術、御空飛行的飛霄術、化身千萬的分身術、收攝邪魔的拘制萬靈術，還有解脫形體的出神虛空之術。這些法術都從屬於上清經的存思法，因此我們也可以說《漢武帝內傳》是上清經內部傳授使用的文獻。

其實，光是書名有「內傳」一詞就已經明確的告訴讀者，這本書是一種道教內部傳法的特殊文體，它透過講述一名仙人學道和成道的生平傳記，來說明道派內部神學和法術的秘傳。一般人沒有道派內的師父引導，很難真正明瞭其中意涵。

混沌開闢後的第一代神明

進入道教體系內的西王母已經脫離神話時代，不再是《山海經》裡那種人獸合體的模樣。從現在起，她吐露的箴言宣揚著虛無、空洞、守柔、寡欲、和光同塵的道教哲學；在道教神學上，她是元始天尊之下、萬神之上的仙人統領，地位超過世間一切仙、凡，同時也是傳揚道法的源頭。這次轉變讓西王母從此在道教萬神殿中確立不可動搖的權威。

既然西王母的神格這麼特殊，她成神的經歷自然跟一般從凡人開始修仙的仙人不同。在《上清道寶經》裡，西王母跟隨元始天王學道，經歷了三千年的修煉之後功德圓滿，才回到了崑崙山。臨去之時，她在靈鏡人鳥山上聚集了九天正一之氣，在虛空中凝結出閃耀著金色光輝的天文篆字。這就是大道所凝聚而成的天書，也是後世道教道法的源頭。人鳥山也不是一般的山岳，它是返回大道混沌虛空狀態的一座山岳，等於是大道在天地誕生之時最初的體現。

除此之外，根據《元始上真眾仙記》的說法，西王母是宇宙誕生之初的第一代神明。當盤古開天闢地的時候，宇宙從一團迷濛混沌的狀態中分出天地上下。創世盤古就是至高神元始天王，他住在大羅天上的玉京山。

經過兩劫的漫長歲月後，盤古忽然發現一位玉女自一道石澗的積血中誕生，也就是太元聖母。千千萬萬年都獨自存在的盤古莫名的感動，便開始與太元聖母共同生活。又過了一劫的時間，太元聖母集聚天地日月的精華，生下兩個孩子，他們就是天皇東王公和太真西王母。這就是宇宙開闢之後，世界上第一代神明誕生的故事。

這個道教神話中的西王母和東王公長得非常詭異恐怖，和《山海經》的怪獸很像。東王公脖子上長出十三顆頭，號稱扶桑大帝、元陽父，一共統治這個混沌初開的世界三萬六千年。東王公又生下長了十一顆頭的地皇，地皇再生下長了九顆頭的人皇，兩皇又各自統治天地三萬六千年之久。在這十萬八千年的歲月裡，西王母沒有加入統治者的行列，只有東王公的血脈傳承統治著。西王母號稱九光玄女，她所統治的金墉城矗立在崑崙山上，和東王公在海上的太真宮碧玉城遙相呼應。

在天、地、人皇統治的時代過後，萬神殿的空位逐漸被新的名字填滿。比東王公、西王母次一級的神仙是天真皇人和三天真王，再下面一個等級是大庭氏、庖羲氏、神農氏、祝融氏、五龍氏，再次一級的堯、舜、禹、湯都是上古聖王，接下來有許由、巢父、伯夷、叔齊、鬼谷子、王子喬、郭璞、葛玄等一眾仙卿，和數不勝數的地仙，他們多半是歷史上赫赫有名的賢人。道教的神明進入仙界行列的人數越來越多。西王母真正的重要性，在這之後更加被凸顯出來。

專門算考績的仙界大總管

西王母在道教仙界最重要的角色，就是負責監督各界仙人有沒有好好修道，修行好的人要被獎賞，貪玩懈怠、墮落犯罪的人要被懲罰。所以西王母每年都會定期召開一場考校功過的大會。

根據《龜山玄籙》所說，西王母封掌龜山，總

西靈王母

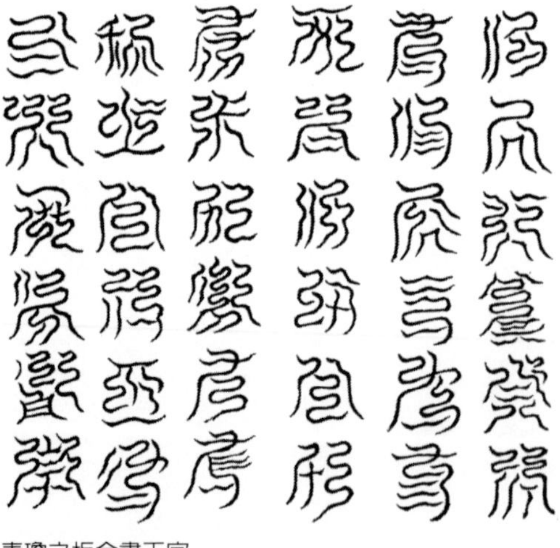

青瓊之板金書玉字
（《上清元始變化寶真上經九靈太妙龜山玄籙》）

領玄錄，持有「青瓊之板金書玉字」，具備領率神仙的權威。她能「五校眾仙」，也就是指考核、考察仙人的修行成果。和每個政府及公司都會檢查職員的考績與業績一樣，所有神仙的功過都會被一五一十地記錄下來，送給西王母審核。

這場大會是仙界的頭號大事，根據《元始五老赤書玉篇真文天書經》中的記載，西王母和東王公，還有上古天師君、萬道父母、日君、月后與各路真君、真妃，每個月三十號都要開一次大會。每到大會時期，仙人們都戰戰兢兢地等待西王母考校的結果。如果一個仙人被西王母裁定受罰，他花費上千年累積的修煉可能灰飛煙滅！相反的，假如一個仙人的表現獲得西王母青睞，原本是地仙的人可以升級為天仙，凡人可以獲得長生不死的丹藥或道術。握有地表一切仙人和凡人生殺大權的西王母，就是透過行使考校的職權而受到敬畏。

除了每月三十號開會的說法之外，北周編纂的類書《無上秘要》記載著另一個版本的考校大會週期。它說天上的一月一日、三月三日、五月五日、七月七日、九月九日、十一月十一日，固定要舉行一場眾聖會議。這些日期都是選奇數，也就是在陰陽中屬陽的日子來開會。天地間的所有神仙和天兵天將都要恭恭敬敬的列席會議，聆聽考校的結果。

西王母的考校工作結束後，會在仙人和凡間生靈的名冊上作標記，確定誰行善應該得到獎賞，誰犯錯應該受到懲罰。這個登記名冊的動作叫作「定錄」，因此在七月七日舉行的定錄也叫作「七夕定錄」。這一天也正是牛郎織女七夕相會的日子。日本學者小南一郎認為這不是巧合，而是西王母和七夕神話都源自巫術時代。不過這畢竟是推論，道教系統內沒有這樣的記載。

所以說，西王母的工作可不像很多人想像的那樣，只有在蟠桃會上拿些壽桃、仙酒辦宴會而已。如果你想昇天，最好不要隨便得罪西王母，她可是掌握仙界生殺大權的至高神之一，在道教神系中有這麼高的地位不是沒有理由的。崑崙山上的天墉城是坐鎮在宇宙中心的天險，神仙和凡人要往來就必須經過西王母管轄的領地。聚集在這座聖山上的神仙被稱為地仙，西王母理所當然是地仙的統領者。如果說仙人還有等級之分的話，最高等的天仙能夠不受空間的阻礙自由來去，逍遙於天地之外，徜徉於無形之域；第二個等級便是還住在地面上的仙人，他們雖然長生不死，擁有一定程度的神通大能，但是還遠遠沒有達到天仙的境界，他們的生活跟一般凡人也還很接近。這些地仙隸屬於西王母，仰望著她的慈悲，希求一日能升上天仙之境。

CHAPTER 3

不想昇天，留在地上才好享福？
——仙界的位階大解析

留在地上好享福？

人類的社會裡永遠都有地位高低的差別，不管是用財富、權力、年齡、武力、知識或血統來做區別，再小的群體也能分出個三六九等。活在有地位、階級的世界裡，難免覺得壓抑疲倦。如果能夠變成仙人，甩開凡塵俗世的一切羈絆，整個世界再也沒有任何力量約束自己，難道不是一種最終極的自由嗎？

很遺憾的是，正在做成仙美夢的人不見得知道，神仙世界也是有分等級的。一開始人們只是模模糊糊的意識到仙人也有不同的類型，隨著方術士開發出各種修煉方法，加上道教世界觀越來越具象化和系統化，仙人的品級也就變得清楚了。大約在六朝時期仙人就開始分成三種等級，依照天、地、地下世界三分的原則，神仙也分成天仙、地仙和尸解仙三級。天仙和古代的星辰神話及昇天渴望關係較為密切，地仙和崑崙神話與洞天福地的出現有所聯結，而尸解仙則關乎人們對於死後世界的想像。

因為地下世界和死亡、黑暗、陰冷、汙穢等意象經常聯想在一起，所以說尸解仙是大家最不想要當的一種仙人，這應該很好理解。但是很有意思的是，其實修煉的人通常也不想當天仙，大家都想做地仙。放著位階最高的天仙不做，為什麼偏偏要去當地仙呢？如果要解釋這點，我們要從整個神仙系統的誕生開始講起。

在仙人還沒分級以前

神仙的觀念大約產生於先秦時期，莊子開始講述藐姑射之山上水火不侵的神人，屈原做著騰雲駕霧離開楚國住進天界的美夢，逍遙乎四海之外，徜徉乎無何有之鄉。這個時期的仙人大概最能夠反映出人類對於自由和逍遙境界的嚮往和追求。

在先秦時期，稱呼仙人的詞語和文字還沒有固定下來。「僊」這個字經常用來強調僊人的身體輕飄飄的，好像跳舞一樣在風中自在的飄動，卸下紅塵俗世的負擔和包袱以後，乘著雲氣輕舉上天。

莊子說的「真人」或者「至人」比較像是看透人生的世外高人，不沾染一絲的紅塵濁氣。他們沒有煩惱，睡覺的時候從不做夢，醒來的時候從不憂慮。他們不常說話，不和人爭鬥，不害怕死亡，對人生的所有際遇都欣然地接受。他們的精神已經超越了世間所有的障礙，高山、深淵、大海、異獸、轟雷、隕石，沒有任何東西能讓他們受到傷害。

到了戰國晚期，現代語境最常見的「仙」字開始被經常使用。「仙」字顧名思義，就是人在山裡面，或是人往山上去的意象。凡是活到超過一般人正常壽命的人瑞，又住在名山深處的人，就是仙人了。

這有點像瞎子摸象，每個人對於仙人的想法都不同，或者是只摸到一個邊，只強調自己最熟悉的部分。有些人會把成仙想像成一件很氣派隆重的事情，像是《淮南子》就覺得仙人應該搭乘雷電環繞的車子，駕馭著神話中的應龍拉車，前後左右有青色、白色的蛟龍護衛，跟隨著服飾華麗的前導鬼神，來到一座巨大的天門之前，伴隨著轟隆轟隆的聲音，大門開啟，然後入門拜見統治天地鬼神的上帝。

不過，也有人把仙人想像成神話裡的生物。尤其是齊、魯沿海地帶的海外仙山神話，就傳說有一個龍伯國的人都是超乎人類想像的巨人，只要抬起腳來踏幾步，就能跨越好幾座的山頭。巨人們光是跳進海裡沖個水就可以引發大海嘯，而且每個人都能活到超過一萬八千年。

想想看在那渺茫的大海彼端，洶湧的波濤背後，怎麼可能沒有暗藏一些人類從未察覺的驚天秘密？當年徐福打著尋找長生不死藥的旗號，浩浩蕩蕩的往海外進發，帶著童男童女幾千人，遊蕩了好多年的時間，什麼都沒找到。秦始皇不耐煩了，親自東巡到古瑯琊（今山東青島）一帶，命令徐福給個說法。徐福託辭說海上有巨大的鮫魚阻礙航道，所以不能夠前往仙山。守護著海上仙鄉的，不是巨人就是鮫魚，要不然就是重重的迷霧和深不見底的渦流。海上世界的所有事物體量都成等比級數般的增大，永遠令陸地上的人類充滿綺思遐想。或許先秦的仙人傳說也是經過海岸旁的人們口耳相傳，染上了這種浪漫的色彩。

最早的神仙分級制

仙人分級的觀念應該發生在東漢時期。東漢中晚期發生很多新興的宗教運動，最有名的是引發三國時代諸侯混戰的黃巾之亂，還有張陵、張魯祖孫三代領導的五斗米道。撇開軍事和政治上的攻防得失先不談，這兩個派別的理念和做法有很多類似之處。

黃巾軍的張角號稱大賢良師、天公將軍，在這個混亂的時代裡，凡是追隨者病痛纏身，他就會手持九節杖颯爽登場，先敕命病人跪下磕頭，一一懺悔自己過去所犯的罪惡。等懺悔完畢之後，念誦咒語燒化符文，讓病人把符水喝下去，就宣告疾病將被驅除。人的病痛和不幸都是從過去所犯的罪惡中所誕生，真正虔誠懺悔的人，在承受天命的師尊施咒之後，就可以從罪惡中得到解脫。如果並沒有痊癒，就代表病人的懺悔不夠虔誠、不夠完整。

張角手裡有一部稀奇的經典《太平清領書》，可以說是他號召天下的權威來源之一。張角拿到的經書可能是東漢順帝時襄楷上繳朝廷的《太平清領書》。據說這部經書有一百七十卷之多，由神師于吉所傳授，書裡有神咒，百發百中，極其靈驗。雖然我們不敢說現存的《道藏》所收的《太平經》是不是跟這本《太平清領書》百分之百相同，但是從《太平經》樸素的文字和內容來看，應該確實保存了很多漢代人剛萌芽的仙道觀念。

《太平經》或者其中一部分的內容早在西漢末年就問世了。當時有一位齊人甘忠可拿出一部《包元太平經》，號稱是天帝派遣真人赤精子下凡傳授給他的道術，命令他協助漢室復興。它的方案很簡單，只要皇帝改年號，用書裡的方法修煉，不但可以延年益壽，原本還沒有兒子的皇帝還可以立刻有子嗣，能保護皇室血脈和政權的穩固。這似乎有種房中術的意味，但缺乏文獻的我們也無從考察。據說漢哀帝嘗試了經書教的方法，可惜最後還是沒生出兒子，大權也旁落王莽。不過這或許不能怪經書失效，因為漢哀帝是有名的好男風，只愛男人不愛女子，當時的美男子董賢受到他的萬千寵愛，這斷袖之癖讓他身體早衰，當然在物理上也難以生出小孩。

那麼，這部號稱能拯救蒼生的《太平經》，除了教皇帝如何「廣嗣」和長壽之外，到底講了什麼道術呢？首先，在那個渾沌的時局中，最有吸引力的莫過於遠離戰亂紛擾，因此《太平經》大力的宣揚度世成仙的理想。修煉的方法很簡單，就是聽從天師的指令，練習「守一存神」之術。根據修煉的水平高低，可以分出上士、中士、下士三個等級，上士能夠度世成仙，中士能夠延年益壽，下士雖然功夫平平，但是也能免除災禍疫病之苦。

至於仙人的等級可以分成九等，由高而低依序是：天人、神人、真人、仙人、道人、聖人、賢人、民人、奴婢。可能很多人會好奇，為什麼是分九等？這個問題大概沒有確定的答案。但是「九」自古以來都被當成是有神祕意涵的數字，《易經》裡的「九」象徵陽的力量極致，神話傳說中，天有九重，九尾狐是祥瑞之兆。當然也可能東漢已經開始出現把人的才能高下分成九品的系統，後來在魏晉時期轉型成政府任用人才的九品官人法。

其實《太平經》把人分成九等，是按照整個宇宙的層級來分的。九種人由高位到低位分別對應：上天本身、天意的代行者、大地、四季、五行、陰陽、山川、萬物、草木。

「神人」是天意的代言者，大約是太平道中的天師，有傳授道術，引領世間依循天理的職責。

「真人」是聽從天師指導的虔誠修道人，已經有足夠的能力和道術引導無知的凡人。

「仙人」雖然不能度人，但是已經修煉到有變化形體的神通，他們的境界已經超越了一般人的理解之外。

「道人」是剛開始修練的人，他們可以依靠五行生剋的原理預知未來，趨吉避凶。

「聖人」是治理百姓的統治者，他們應該要順從天的意志，否則就不能調和陰陽，可能造成世界的失衡。

「賢人」有各種才能，可以做為聖人的卿士處理各地的政務，也就是各級政府官員。

「凡民」就是普通老百姓，在那個時代代表沒有知識、沒有權力，生活必須服從上層指示的人們。

最後的「奴婢」應該不用多做解釋，漢朝可是一個有錢人大量蓄奴的時代。

上面這長長一串看起來很有系統的複雜分級制度，大概在現實中只存在經書裡面，而不是真正拿出來教信眾的道理。多數信眾想要的不外乎有病治病，有疑難雜症需要找師父來驅邪除煞，在戰亂中有個強大的互助團體可以保護他們。能夠延年益壽當然很好，不過就只有修道人才需要去搞懂這些抽象的分級系統了。

這一點五斗米道的張魯自然也懂。他對教眾講解的內容都很簡單，全是說大白話，老嫗能解，如果穿越到唐代大概也能跟白居易比美。現在《道藏》裡有一部《正一法文天師教戒科經》，可能還保存著接近張魯時代的口氣和想法。他用殷勤叮嚀的口氣告訴教眾：「大道是最了不起的！你們要好好遵從天師教你們的戒律，累積功行，以後你們的子子孫孫都會很有福氣。聰明的人都知道遵守道戒，只有愚笨的人不懂，一直做壞事，到最後就會短命。修得好的人呢，就會成仙；修得普通的人呢，壽命可以長一倍；就算修得再不好，至少也能避免意外猝死。」

然後最重要的來了：「上備者神仙，中備者地仙，下備者增年」。其實這就是依照修道水平高低，把神仙分成三個等級。只是整段話的重點不是在解釋神仙是什麼？地仙是什麼？它只是在告誡教眾不要貪財好色，不要驕傲自大，不要追求名利地位。距今快兩千年了，其實宗教對一般人的勸戒一直都差不多。神仙分級再多，一般人也不覺得自己能修到那個程度，講了也沒用；只有修道人會在意神仙等級。理論性的東西要再稍後一點才發展得比較細緻。

神仙等級高等於官位大

魏晉南北朝時期，神仙分成天仙、地仙、尸解仙三品的系統正式形成。古代《山海經》神話中連接天地之間的神山是崑崙山，它是「眾帝所從上下」的橋樑，也就是溝通天界大神和地表凡人的唯一途徑。人類中唯一例外的是巫師，巫師能夠通過法術和儀式攀登宇宙中心的世界樹，上升到天界謁見天帝諸神。

這樣的宇宙觀很快就讓居住在崑崙山以下的神仙稱為「地仙」，而居住在天界的神仙則是「天仙」。古代的星宿信仰把北極當成天的中心點，群星日月都圍繞著北極旋轉，連孔子都說過「譬若北辰，居其所而眾星共之」。所以人類就把政治體系的邏輯套到宇宙的結構上，把統治天界的天帝稱為「太一」、「泰一」或者是「太乙」，而星空中央的北極劃歸為「紫微垣」，也就是天帝居住的宮殿「紫宮」的所在地。漢代專門用災異現象預卜未來的讖緯書，很快為北極的星宿信仰量身訂製一整套崇拜禮儀，有紫色的服飾、紫色的法壇，有紫極、紫辰、紫宮的崇拜，墓葬裡也有一種叫做漢星雲鏡的器物，用中央紐座象徵紫宮，然後在東南西北四方安排蒼龍、朱雀、白虎、玄武四神。

北極紫宮是天帝的治所，天界神人居住的場域，奉道之民只要多積功德，遵從道戒，就能夠經由崑崙山升入紫宮，與神人同列。這種遨遊紫宮的仙人，就是魏晉南北朝時期摹畫的天仙。葛洪《抱朴子》說「彼仙人之道成，則蹈青霄而游紫極」、「夫得仙者，或升太清，或翔紫霄」。就是最好的明證。

不過，大家最好奇的可能是當天仙到底有什麼好處？是不是天仙一定有什麼神通廣大的異能，是其他仙人比不上的？住在星空中的北極，會比住在地上的名山大川來得更幸福、更逍遙嗎？其實在這兩點上，天仙和地仙的差距並沒有很大。不要忘記人們總是用人類社會的邏輯去套天界的觀念，所以天仙最明確比其他仙人更高一級的是地位，還有在天界掌握的權力。

上清派的道經《紫陽真人內傳》曾經說，最上品的仙人能夠騰雲駕霧，白日昇天，與太極真人為伴侶，然後還能夠領到天界的官銜，像是司真公、定元公、太生公、中黃大夫九氣丈人仙都公，這些都是上仙的官名。換句話說，天仙之內還要再分一次等級喔！上仙中的次等仙人，只有仙卿、仙大夫的官名。

那地仙呢？雖然說地仙一開始的設定是棲息在崑崙山裡，但是隨著名山福地的增加，地仙的居住範圍也越來越廣。地仙可以在五嶽大山之間來回巡遊，手下有些鬼使神差可以給祂跑腿辦事，偶爾還能到天界訪問。然後，地仙也有分兩個等級，次級的地仙根據祂定居在哪一座山，由天界賜封祂去掌管那一座山的鬼神，擁有自己的宮殿。

其實這就是個縮小版的中央政府和地方政府的關係呀！天帝就是天子，祂住的紫宮相當於人間的皇宮。天仙相當於中央官員，祂們掌管的是全國或者該說是全天下的仙人和鬼怪，祂們的爵位跟人間的公、侯、伯、子、男五等爵制對應。而地仙就是地方官吏，在地位上對應於卿大夫和士，祂們是地頭蛇，最熟悉自己住的那一塊區域，管理範圍雖然不能越俎代庖地延伸到隔壁領地去，但是在自己地盤上的影響力經常還超過中央官員。

天仙沒有什麼特殊的形象，畢竟祂們早就能夠自由變化外形，而且整天都在星空的終點，和人間的距離未免太遠，一般人根本沒有想像的媒介。地仙就不同啦！地仙常常是歷史上有名的人物，像是商紂王時候把心臟都挖出來死諫的比干，後來順理成章做了戎山的地仙。施存一據說曾經拜孔子為師，是當時三千弟子中的一員，成仙以後封在嵩山和少室山。葛

①②
③④

①王子喬（《列仙圖贊》）
②佛圖澄（《月旦堂仙佛奇縱合刻》）
③李少君（《列仙圖贊》）
④陶弘景（《月旦堂仙佛奇縱合刻》）

洪的阿公葛玄在孫權的時候當道士，煉丹成仙之後在長山、蓋竹山作地仙；而葛玄的好朋友謝稚堅則在鹿跡山作地仙。《無上秘要》這部道經有一份目錄〈得地仙道人名品〉，紀錄了一長串地仙的名字。想要知道他們的生平事蹟，查史書都查得到。

所以說，天仙的生活因為太超脫凡俗，反而一般人難以想像；地仙的生活跟人類非常接近，有些仙人說不定跟你老家長輩那些叔伯阿姨長得差不多，光憑肉眼還分不出來差異呢。

做神仙，不做社畜

那麼，為什麼說很多人成仙之後寧可當地仙，不願意當天仙呢？其實地仙不管是外表樣貌、居住場所和生活習慣都和一般人很接近，用常識去想大概就能夠明白這中間的道理。

葛洪在《抱朴子》裡面模擬了一段彭祖與白石先生之間的對話。白石先生道行早就到位，可是一直不肯昇天成天仙，彭祖就好奇了，為什麼你不願意升到更高位階去呢？白石道人跟他坦白說：「我都長生不老了，在天上和地上還能有什麼分別嗎？你到天上去，到處都是上古大神、各方至尊，光是伺候他們你就累得半死了，當然是活在地上逍遙快活啊！」

想想也是，本來你跟那些地方上的人相比，能力和見識都高出一大截，大家都敬重你；現在一升上去，要跟全世界最厲害的人來比較，每個都是你前輩，每個都神通廣大，你光待在這裡面壓力就要多大？

覺得當地仙比較逍遙的人不只葛洪而已，《無上秘要》列舉過好幾種不願意當天仙的想法，一種是覺得這人間世界的變化有趣極了，一但當了仙官，領了職事，未來可是有無止盡工作要做。本來成仙是為了擺脫世俗的枷鎖，連一輩子的時間都忍耐不了，成仙以後有無窮無盡的生命，這枷鎖豈不是要把天仙給逼死啦！

另外一種人覺得，自己沒成仙的時候已經有了子孫，這些家人親戚都倚賴他、仰仗他，他不能夠隨便拋下家人的殷殷期盼一走了之。為了family，他不能走啊。

有一種人是比較認真型的，他覺得自己雖然得道成仙，可是還有千千萬萬個無知的大眾沒有修道，他想要把這些人都度化，讓所有人都有機會修仙。這大概是不想昇天的想法中最高貴的一種吧。

隨著地仙居住範圍的擴張，祂們已經不限於住在山裡，尤其是齊、魯沿海地帶的地仙傳說，常常和海外仙島聯繫在一起。專門記載海外仙島、珍禽異獸、稀有產物的《十洲記》就說「洲上多仙家」，這些仙洲的名稱非常多元，隨便舉幾個例子來看，就有祖洲、瀛洲、玄洲、炎洲、長洲、元洲、流洲、生洲、鳳麟洲、聚窟洲、滄海島、方丈島、扶桑島、蓬邱、鍾山等等。祂們散布在東西南北四方的大海中，隔絕了一般凡夫俗子的訪問。

《十洲記》裡的地仙也是不願意昇天的。書上說：「群仙不欲昇天者，皆往來此洲，受太玄生籙。仙家數十萬，耕田、種芝草，課計請畝，如種稻狀。」試著想像一下，這座島上有幾十萬戶仙人的家，祂們種著自己的田畝，不受人類社會爭鬥的紛擾，不用害怕災禍、疾病、戰爭和死亡，無憂無慮的過著田園牧歌的生活。這種活在桃花源裡面的生活多麼美好，難道這不是很多凡人內心真正渴望的世界嗎？難怪很多地仙放棄昇天的機會，寧可駐留在自家，也不願意領個仙官操勞公務了。

這種逍遙散仙的想法會誕生，大概和魏晉南北朝時期盛行的隱逸風氣有關。在混亂的政治環境裡，儒家的積極進取往往帶給自己和親友災難；道家思想的守柔、寡欲、無為啟發了人們追求桃花源式的避世樂園，有能力修練仙術、烹煉丹藥的人，比較在意的往往是自我的超升。這大概就是道家思想啟發的隱遁哲學，被道教神仙化之後的結果吧。

地仙可以靠吃的煉成？

早期像是《太平經》和五斗米道，都告訴教眾懺悔罪惡，遵守道戒，積功累行，久而久之就能夠增加自己的道行，最後實現成仙的願望。不過到魏晉南北朝以後，神仙的位階不但分得更清楚，成仙的手段也大不相同了。只要觀察很多這一段時期的神仙傳記，就會發現「吃」是成仙的一大講究。

要靠吃來成仙的話，吃什麼遠遠比怎麼吃來得更重要。而且他們吃的東西，不是現代人想像中的仙菇、仙草、金芝、玉液這麼神話傳奇式的食物，而是我們身邊很常見的食材。像是吃棗子，就是修煉地仙的一種方法。

郤孟節是曹操當政時的人，他的師父叫做王真，相傳他出生的時候還是周宣王在位，到三國時代已經活超過一千年了。他光吃棗核不吃其他食物，經過十年的時間，不只食物可以不吃，不呼吸都可以繼續生活。東漢時期的劉根，據說天生有陰陽眼，能夠看到身邊的好兄弟們。他光吃棗子，就吃到從不生病、從不飢餓。另外還有一個叫王質的人，在晉朝上山砍柴，碰到赤松子和仙人安期生下棋。他在旁邊看呆了，陪侍的童子就交給他一顆棗子吃，神奇的是他吃下後便渾身充滿力氣，再也不餓不渴。等到他想回家的時候，才發現他的斧頭的木柄已經爛光光，原來他已經在無意間度過千百年的歲月。

原來吃棗子這麼神奇！《太上靈寶五符序》記載一種長生之術，是把棗子含在嘴裡不要嚼碎，像是嬰兒喝奶一樣一直吸，但不要吞下肚子去。等到嘴巴裡都是口水以後，把三分之二的口水和棗子的汁一起吞掉，剩下三分之一繼續含著。接著要不斷重複這個循環。久而久之，就可以開始斷穀不吃飯。

棗子之外，還可以常吃胡麻。《真誥》紀錄過一位吳睦的故事。吳睦是一個犯法當死的罪人，他逃亡到山裡，碰巧遇到一位高人孫先生，就跟孫先生討食物吃。吳睦在孫先生住的石室裡一直有胡麻可以吃，吃了四十年，道行也煉滿了，然後又過了三百多年才吃金丹成仙。

范伯慈也是吃胡麻的。他本來過一般人的生活，沒什麼修道的大志，但是突然生了一場重病，賣光家產都治不好，生無可戀之下把家裡剩下的東西清一清，拜師學道去了。范伯慈後來跑到天目山裡隱居，平常就吃胡麻，大概是有學道的資質，才吃了十七年，就感動到天上的大洞真仙司命君降臨凡間，傳授他三十六篇經法。最後他也是昇天成仙，被封為玄一真人。

修地仙還可以吃很多種別的食物，像是漢朝的女仙周爰支吃茯苓吃了三十年，就碰到仙人石長生教她如何化遁成仙。另外一位女仙夏馥吃的是木餌和雲母。

本來呢，在六朝時期煉丹家的觀念裡面，服食金屬是最高級的仙藥，玉石類的材料次一級，草木類型的藥材是效果最差的。不過吃這些食物可以強身健體，延年益壽，也不是沒有幫助。而且不管是胡麻、棗子，有很多地仙吃的食物是從西域傳進來的稀有貨，或許多少增加了它們的神祕感，所以在仙傳裡面把它們的效果的誇大了一些。

按照煉丹修仙的觀念來看，最終能讓人成仙的還是金丹。這種長生不死藥很難煉成，如果沒有師父引導，或者沒有足夠的資金購買藥材，修建鼎爐等煉丹器具，一定是煉不成的。

瞳術萬花筒

前面提過，地仙跟一般人一樣生活在地表，他們雖然常在山中，或者是海上，但是有時候也會跑到人群聚集的鬧市街頭。光看外表是很難發現地仙的，因為他們的長相、行為跟普通人沒什麼不同。被認出來經常是某位八十歲老人經過，忽然發現他還是個哭鼻子小屁孩的時候就看過這位仙人，而且仙人的容貌超過一甲子都沒變。這就證明仙人長生不老是真的。

像是漢武帝的時候最有名的仙人李少君，有一天在武安侯宴席上吃飯。李少君發現在場一位九十歲的老人看起來有點面熟，就問起他的名字。老人已經有些口齒不清了，沒認出李少君。李少君忽然說，當年我和你祖父是好朋友，看著他帶孫子，想不到孫子今天也長這麼大啦！這下子所有人才嚇到，這表示李少君過去一百多年完全沒變老哇！

李少君還有一次看到漢武帝宮殿裡的一座青銅器，上去一看說：這是齊桓公以前經常放在他寢室的東西。漢武帝不信邪，叫人來仔細辨認青銅器上的銘文，還果真是齊國做的骨董。這樣算算，李少君至少活了幾百年以上。不得不說有時候聽這類故事不只是神秘和有趣，還有一種毛骨悚然的感覺。好像應該埋葬在幾百年前的亡魂突然復活出現在你眼前，模糊了現實和虛幻之間的界線。

可是八九十歲的老人畢竟是少數，他們當年也未必真的見過什麼仙人，所以光靠長輩們的口耳相傳還是不太可靠。還有一個方法可以比較確實的辨認長生不死的地仙，就是觀察他們瞳孔的形狀。方形瞳孔就是仙人最重要的特徵。

魏晉時期的道經《老子中經》說，仙人活得歲數越長，每隔約一百年體態都會有變化。一百歲的人是頭髮變黃，兩百歲的時候兩頰的顴骨會隆起，三百歲的人耳朵會拉長。不過這些變化都不算什麼，到了五百歲的時候瞳孔變成方形，才實現質的飛躍。從瞳孔變方開始，仙人的功力才算是到達一個新的境界。到了一千歲以後，仙人就能飛翔昇天。活了八千萬歲的真人，站在大太陽底下也沒有影子，而且一顆眼珠裡會長出雙瞳，兩個瞳孔都是方形。擁有四顆方形瞳孔的真人從此以後能夠同時洞察四面八方，視野再也沒有死角。

不過這裡要補充一下，《老子中經》說五百歲的仙人才會有方瞳，這只是一個相對的數字。實際上每個仙人道行高低有差，修煉的速度都不一樣。《神仙傳》裡面的仙人王真據說是周宣王時候的採薪人，已經活了一千多歲。當時的史官說，八百歲的仙人瞳孔才會變方，王真超過一千歲，所以早就煉成了方瞳。可是另外一位曹魏時期的仙人李根，活了只有七百多歲，也練出了方瞳。

還有一個超級特例是梁武帝時期的「山中宰相」陶弘景。根據正史《南史》的記載，陶弘景從劉宋朝出生，活到梁武帝大同二年卒，公元年等於是四五六－五三六年。在短短不到百年的人生裡，陶弘景晚年竟然有一隻眼睛已經練出了方瞳，可以說是超級跳級生。而且《南史》認為活一千年的仙人才會煉出方瞳，算起來陶弘景的修煉速度接近別人的十倍。只是他這一隻眼睛的方瞳還不夠穩定，只是有時候能變出來，這大概是太過於速成的結果。如果讓陶弘景再多修練個幾年，一隻眼睛方瞳不待說，兩隻眼睛四顆方瞳說不定都指日可待。

穢土轉生的尸解仙

仙人位階裡面最低一個等級，就是之前一直沒有提到的尸解仙，一直是最不受人待見的一種修仙方式。為什麼呢？大概是因為他跟人類死亡後遺留的屍體有關。一提到屍體，那股腐敗、陰暗、惡臭的氣息就撲鼻而來。要靠著屍體修煉的人，會不會是什麼邪門歪道？這也難怪尸解仙會讓人浮想聯翩。

其實尸解仙其實只有修成的過程和地仙、天仙不一樣，在能力上沒有本質性的差異。尸解顧名思義，就是要先進入一次假性的死亡，然後才成仙。地仙和天仙不需要經歷這趟過程，原本擁有的身體長生不死，然後就往上飛升了。那麼，尸解為什麼一定要先死一次呢？這種修煉法是怎麼誕生的？

在先秦兩漢時期，人們認為死亡之後人會進入深不見底的黃泉，那裡是埋在地下，永不見天日的陰暗深淵。死者的地下世界雖然陰冷黑暗，但是跟地表的人間和天上的仙界一樣有統治者。或許應該說是擁有這塊地的地主比較恰當。這些掌管一地的死者叫做「地下主」或「土主」。漢代墓葬裡的陪葬品裡，常可以發現告地下主的文字。雖然地下主原本在死後世界沒有明確的位階可言，但以現代的觀念來說比較接近土地公和地基主，偶爾帶有一點地縛靈的意味。

另外一條線索是很多生物會蛻皮，像是蟬會脫殼，蛇和蜥蜴會脫皮，鹿角每年脫落之後會再長，這些動物讓人們想像著人類死亡之後，跟動物們一樣只是把肉體遺留下來，真正的精神早就已經超脫自在了。被留下來的物質軀體是假的，真正活著的生物已經離開了。古墓中經常發現玉蟬、石蟬一類的陪葬品，就是基於類似的思考方式，象徵著在世者祈盼亡者的死去是虛假的。而且肉體的重量大，活動很費力，如果能夠免去肉身的重擔，是不是更容易隨著雲氣飄搖上天？這些想法一旦和地下主的概念結合起來，尸解就成為成仙的一條途徑。

尸解的方法有很多，但是共同的特色是肉身要先死一次，所以難免有少兒不宜的恐怖畫面。《真誥》裡面有位南真夫人說明著名尸解仙的死亡方法，仇季子是把加熱燒成液態的黃金倒進嘴裡，從喉嚨以下被金液燒到爛光，焦臭味飄到一百里外，現場當然更是慘不忍睹。季主服下雲散成仙前頭足異處，也就是腦袋和雙腳都被斬斷，活生生是一樁血肉模糊的肢解慘案。墨秋吃仙藥虹丹而成仙，他只有投水自沉，在眾人之間算是死狀很體面的。鹿皮公的案例就很噁心人了，他吞下玉華成仙，但是死亡的時候全身潰爛，腐肉中鑽出成千上萬隻蛆蟲密集地蠕動。這畫面光是用想像的就有點不舒服。

其他尸解的死法還有很多種，有水解、火解、兵解、杖解、劍解、藥解、坐解、文解……，不一而足。大部分尸解的方法可以望文生義，水解就是溺死，火解是燒死，兵解是被刀劍兵器砍死。不過這裡面還有一個蹊蹺的地方，就是尸解經常會留下一個死亡前常用的器具，讓它變化成自己的模樣，代替死亡的屍體。杖解、劍解就屬於這種用貼身物品來金蟬脫殼的類型。

儘管尸解和一般人的死亡很像，但是那畢竟只是仙人騙過凡人的手段。越是能力超群的人，他們的死亡也是越超凡脫俗的。所以有一些方法可以幫助人們辨認誰是真的死亡，誰又是尸解成仙。

同樣根據《真誥》的說明，如果一個人死後肉身在一段時間內沒有腐敗，和生前一樣，只是口鼻不再呼吸，那他就很有可能是尸解仙。什麼叫做身體和生前一樣呢？第一個是皮膚保持水嫩，不會變皺，也沒有發青；第二個是肌肉一直有彈性，沒有變僵硬；第三個是眼眸炯炯有神，不像死去的人目光失焦。這幾個都是尸解仙的舊軀體即將蛻化的徵兆。還有，如果死者的屍體忽然消失，只剩下頭髮留在棺木裡面，也代表他已經尸解成仙了。

這樣來看，即使是尸解，還是有很多異象會發生的。像是傳說中黃帝時代的寧封子，不知道從哪位高人學到一種燒火的方法，能夠燒出五種斑爛色彩的煙氣。後來他自己堆好薪柴自焚，把肉身燒個乾淨，只剩下一些骨頭。可是他的精神已經隨著五色煙氣飛騰上升了，這就是火解的異象。

《洞仙傳》裡面有一位韓越經常上山修行，一去就是五十天、一百天，在深山的石室中與仙人一起讀經。有一天他回到山下的老家之後暴病身亡，家人抬著棺材要把他下葬，忽然發現棺材很輕，不像是有裝屍體的樣子。打開來一看，發現棺材裡只剩一把竹杖。這就是以器物自代類型的杖解。

相較之下，或許劍解最有玄幻色彩。根據《神仙傳》的說法，仙人去世如果是使用劍解，那麼不只是他本人已經拋下肉身得道成仙，連遺留在世的那把寶劍經過五百年後，也能夠靈動變化，脫鞘而去。傳說仙人王子喬的墳墓在金陵，也就是今天的南京。戰國時期有人去盜他的墓，發現棺木裡什麼都沒有，只剩一把寶劍。盜墓賊想說既然沒別的值錢寶貝，拿把劍回去也好，伸手就想抽劍；沒想到寶劍寒芒一閃，憑空震盪出雷鳴電吼，盜墓賊一時間被震懾的無法動彈，寶劍居然直直飛上雲霄，從此消失不見。

「尸解」的觀念簡單來說是一種暫時性的假死，擺脫原本肉體，實現更高層級的生命。不過，還有一種跟尸解很接近的重生，位階卻再次級一些，叫做「太陰練形」。什麼是太陰練形呢？《真誥》告訴我們，有一種人的道行不夠高，連尸解都做不到。所以他們在死亡之後，肉體會先腐爛、血脈消亡殆盡，剩下一副枯骨。他們的生命並沒有真的消失，可是也沒辦法脫離遺留的枯骨，只能埋在地下等候肉體的重生。

埋入地下一段時間後，奇妙的事情就發生了。原本應該已經爛光的枯骨上，開始會長出新的肉來。骨架漸漸被重生的肉包覆住，新形成的體腔裡面再度長出心、肝、脾、肺、腎。五臟成形以後，新鮮的血液也恢復體內的流動循環，最後身體上重新長出完整的皮膚。每一個太陰練形需要花費的時間不一樣長，有人只需要三年就能重生，需要十年，三十年、五十年的也都可能。他們的精神駐留在屍骨上，魂魄處在暫時不活動的狀態，靜靜的等待肉體的新生。

通過太陰練形重生的肉體，會修正生前的病痛和缺陷。很多六朝到唐代的傳奇故事，常有屍體爬出墳墓消失不見，或者某人的肉身重新生長到一半，卻被挖開墳墓的人撞破的故事。這些故事的靈感都是源自道教的太陰練形。

如果說天仙讓人聯想到天上的星宿，地仙聯繫到崑崙山和蓬萊仙島，尸解仙和太陰練形就只能讓人想到陰曹地府。而且屍體爛光再重生的畫面實在讓人不敢恭維，跟殭屍片裡的活死人有夠像，難怪是各級仙人中最難堪的一種。

佛圖澄與菩提達摩

沒錯，講完神仙之後，現在要來說說兩位佛教高僧。這兩位高僧在傳說故事裡都有各種神通大能，佛圖澄是國師，也是引領一整個時代的佛教宗主，菩提達摩更不用說，後來的禪宗就是以他為祖師發展出來的宗派。那麼，這兩位高僧跟道教的神仙有什麼關係呢？其實，他們死後的故事，都是標準的尸解仙敘事。

請先不要覺得奇怪。尸解仙有幾個固定的套路，讓我們先複習一下：第一，尸解的過程中一定會死亡，只不過這是假死，不是真正意義上的死亡；第二，尸解之後棺材裡會留下生前的隨身器物作為替代品，等到開棺檢查的時候軀體已經消失不見；第三，假性死亡之後重生的仙人，可以自由自在的行動，與人碰面互動，跟生前沒有什麼不同。甚至他們容光煥發，比未死之前的模樣更勝一籌。

現在再看看兩位高僧的故事，是不是同一款套路？

佛圖澄是西晉到十六國時期的高僧。傳說中，佛圖澄有千里眼、有讀心術、有預測天象和自然災害的能力，看一眼就能預知人們的死期，還有無中生有變化出聖蓮華的神通。

光是這些神通大概還不夠取信於當時性情凶厲的皇帝。佛圖澄最厲害的是在手上塗抹一些香油，掌面就會凝聚成一面鏡子，那層薄薄的透明的膜，看上去像水晶球一樣，裡面能依稀演示出千里之外正在發生的場景。所以佛圖澄每次手掌一提，就能透過掌心看到前線戰爭的即時轉播，然後回報給皇帝石勒、石虎。因為他講的戰況百發百中，不只是最終的勝負，連戰場上的細節都絲毫不差，讓皇帝對他非常敬畏。

此外，還有一項異能也非常特殊。據說佛圖澄的左胸之下有一個洞，大概四、五寸寬，也就是直徑十二公分左右的圓洞。平常佛圖澄會用一塊布塞住這個洞。身上有洞這件事已經夠奇怪了，更怪異的是一旦佛圖澄把布團拿掉，洞中就會放出耀眼的金光。難道他的身體裡面不是血肉之軀，而是什麼發光發熱的能量體嗎？每次到了夜晚，佛圖澄想要讀佛經，就會把布團拿掉，用體內發出的金光來照著經書看，不用燈油不用電，天下豈有如此方便的東西！不過唯一的缺點是，第二天佛圖澄必須到河邊，從洞裡把五臟六腑都掏出來在水裡洗乾淨，然後再塞回身體裡面，繼續用布團堵住洞口。

南北朝時期整個北方佛教的發展，如果缺少佛圖澄，幾乎就像是一艘大船抽掉龍骨、一座房屋拆掉梁柱一樣殘缺不全。而這樣一位異能天賦拉滿的神通僧人，又是怎麼死亡的呢？《梁高僧傳》記載，佛圖澄死後，皇帝石虎把他生前常用的錫杖和缽放進棺木。後來石虎的王位被篡奪，篡位者冉閔不放過前朝神僧的屍體，打開棺材一看，不料只剩錫杖和缽，屍身已經消失無蹤。他連忙派人打聽佛圖澄屍身的下落，沒想到消息回報，佛圖澄入滅的那個月，竟然出現在西域流沙國，看來他根本沒死！

菩提達摩的故事也很類似。根據佛教自己編寫的史書《神僧傳》、《景德傳燈錄》記載，達摩來華之後，梁武帝完全聽不懂他話裡的機鋒，話不投機之下，達摩北上跑到嵩山少林寺面壁，一坐就坐了九年。後來達摩收了幾個徒弟，把衣缽傳給慧可，就在魏孝明帝太和十九年十月五日坐化，隔兩個月後，十二月二十八日葬在熊耳山，起佛塔於定林寺。

三年之後，一位奉命出使西域的官員宋雲返回中國的途中經過蔥嶺，也就是在現在的帕米爾高原，他看到達摩手上提著一隻鞋子，一隻腳打赤腳走在路上。宋雲在外國當使節，不知道達摩過世的消息，很高興的上去搭話。達摩告訴他，叫你出使的皇帝已經駕崩了，等你回去就知道。宋雲很驚訝，不敢多說什麼，沒想到一回去果真已經改朝換代，新皇已經即位。皇帝聽到達摩的事情，立刻下令開棺驗屍，結果棺材裡面什麼都沒有，只剩下一隻鞋子。

這些故事雖然是由佛教中人自己編寫，明眼人一看也知道裡面的情節是虛構的。就拿達摩故事來說好了，太和十九年根本不是北魏孝明帝的年號，基本的史實就有錯；再依照史書查清楚宋雲返國的年份，是在北魏明帝正光年間，皇帝人根本還沒死呢！但是這些故事又不可能是道教編出來的，那到底應該怎麼解釋它們呢？

其實尸解的模式早就成為當時整個中國宗教世界中的共同想像了。即使不是道教中人，只要生活在那個年代，受到同樣的文化背景薰陶，當他們虛擬一位超凡脫俗的人物死亡時，必定會套用這個文化獨有的語言。編故事的人可以既不相信道教，又沒聽過尸解，可是當他想像一個有神通的人不可能像一般人一樣死亡時，自然就會把這套尸解的敘事應用出來。這就是整個文化最根深蒂固的東西，一般人太熟悉這套文化模式，所以沒有辦法清楚的意識到它的特徵。真正死不掉又不斷借屍還魂的不是千百年前的佛圖澄和菩提達摩，而是這套文化的思維和語言慣性。

CHAPTER 4

這個大地底下有個空心的世界
——誤入仙境的洞天傳奇

大地底下的空心世界

你有沒有想過，我們所站立的大地之下還有另外一個世界？

我們一向習慣仰望天空，把一顆顆閃耀的星星連線起來，在滿天的星斗之間構築一個又一個星座的神話。因為天空太過遼闊，人類只能用自己的想像力把這些空洞都腦補起來。銀河阻絕了牛郎和織女的相會，參、商二星是兩個今世永遠不再見面的兄弟，嫦娥偷吃了不死藥飛上月亮，最後只有不停搗藥的玉兔陪伴著她度過永生的漫長歲月。

但是，我們所站著的大地呢？大地之下難道是鐵板一塊，密密實實的沒有為人們留下絲毫想像的空間嗎？或者我們應該問的是，憑什麼我們想當然爾的認為大地內部就是實心的？地底深處，難道不可能是空心的，而且大到足以容納另一個世界存在嗎？

十九世紀的法國小說家凡爾納寫過一部很著名的科幻小說《地心歷險記》，說有一位德國的地質學教授意外發現了古代鍊金術士的密碼信，好不容易解讀出來之後，發現裡面竟然記載著一條通往地心世界的道路。教授立刻出發前往文件所記載的位置，從冰島的火山底部找到入口，進入了地心世界。經過了一連串的冒險之後，教授一行人最後被火山爆發產生的氣流噴出地底，在義大利重返地表。

這部小說曾經多次被改編成影劇作品，因為小說裡面描述的地底世界太吸引人了。從來沒有人想像得到，原來地球不是實心的，地底下有巨大的空洞，有白天和黑夜，有高山和河流，跟我們平常熟知的地表毫無分別。而且地心世界裡面，有地表早已滅亡的生物，有人類的骸骨和古代文明的遺存，還有前所未見的獨立生態系。這裡提供了一個全新的可能性，充滿懷舊情懷的人可以在這裡找到古代文明存續的關鍵線索，富有冒險創新精神的人也可以在這裡找到人類尚未開拓的處女之地。

這種對於地底世界的嚮往，並不是法國人的專利。公元五世紀的道教神話中，早就提出地下世界的概念了。為什麼這件事情很少人知道呢？其實是因為地下世界和地表世界太像了，一般人根本沒辦法分辨出差異來。所以六朝時期很流行一種上山採藥誤入仙境的故事，在故事中迷路的漁人、樵夫，從頭到尾根本就沒發現自己已經在地底。這也導致大多數人在讀到道經的描述時，同樣沒有發現經書上記錄的是地底世界的遊歷，只當成是地上的仙境來看。

道教有所謂的三十六洞天、七十二福地說，很多人都以為「洞天福地」是一種紀錄地表仙山仙鄉的神聖地理學，實際上不然，洞天福地有很大一部分是地底世界的紀錄。洞天的「洞」字，指的真的是一個碩大無比的洞穴。洞天世界的空間大到不可思議，這裡面跟外面一樣有日月、有山水、有生物、有仙人的宮殿，如果沒有老司機為你說明，誰會想到洞天就在地底呢？

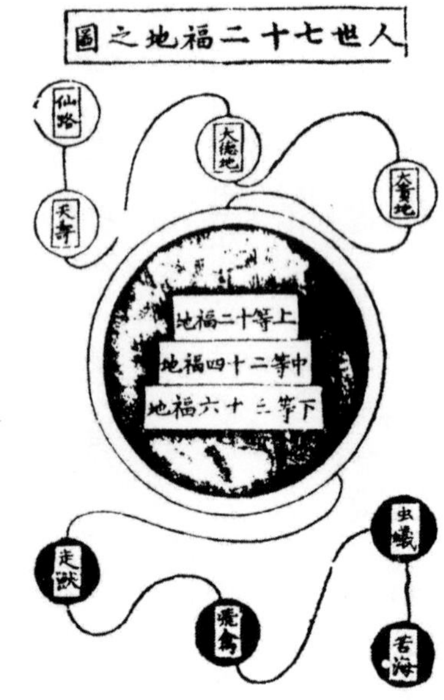

上丨人世七十二福地圖（見：《修真太極混元圖》）

下丨劉晨阮肇入仙山（見：《有象列仙全傳》）

在三十六洞天中的第十大洞天，名叫句曲山洞、金壇華陽天，這一個地底洞天的樣貌在道經上有非常豐富和傳神的紀錄。根據陶弘景《真誥・稽神樞》的記載，句曲洞天是一個石窟洞穴，東西長四十五里、南北長三十五里，洞裡的空間高一百七十丈、往下再一百丈。

這兩百七十丈的高度究竟有多高呢？古代成年男子稱作丈夫，換句話說，一丈高度約一百八十公分，兩百七十丈相當於四百八十六公尺高。假如大家很難用數字來想像的話，臺北一〇一的高度大約五百公尺高，這個地底洞天的高度幾乎等於可以塞進一整座臺北一〇一。更何況它的面積有一千五百七十五平方里，以古代一華里約等於〇・五公里計算，整座句曲洞天的面積寬達三百九十三平方公里，已經是一座可以容納百萬人以上的城市大小了！

這也難怪句曲洞天裡面可以有小山丘、小谷地，大體上中央比較高，四周比較低，形成一個類似梯形的底部結構。洞天裡面也不是一片黑暗，而是跟地表一樣有太陽、有月亮。洞天的太陽叫做日精之根，月亮叫做陰暉夜光，讓地底下同樣有白天有夜晚，每天日月輪替在洞天的天頂上運行。

好奇心比較強的人會問：如果洞天是地底世界的話，日月沒辦法在太空中運行，要怎麼在地底的有限空間中出沒呢？其實洞天里的日月都不是經由石窟洞穴的通道出沒的，他們比較像一團沒有真實形體的東西，可以自由的穿梭在洞天內，一旦時間到了便閃現出光芒，或者再次隱匿起來，一般人是觸碰不到的。

不只是洞天中的日月不需要物理性質的通道，洞天裡的仙人也可以無視石壁的阻隔，自由的穿牆往來。就拿句曲洞天來說吧，洞天的北方、西方、東方各有一個便門，南方有兩個便門，可是這些門平常都是不用的。南方的其中一個便門還因為穢氣累積太多，已經不能通行了。北方的門則是專門提供鬼神往來的門路，一般人走不得。洞外的凡人如果剛好跟洞裡的仙境有緣，他會在打獵的時候被一隻奇特的青鳥或神獸引導，或是在不經意之間走進荒草亂石中一條沒有人踏足的荒涼小徑，然後走到其中一個便門。當他從便門入口走進洞天時，虛空中會浮現無中生有的階梯給他踏腳。但是在他走下來的過程中，因為洞裡也有日月山川，也有道路與叢林鳥獸，所以他完全不會發覺自己已經身在仙境了。

洞天世界的另外一個特點是，它在地底下自然形成一套路網，四通八達。從句曲洞天進入的人，可以沿著地底大道往東走到林屋山，往北走到山東的泰山，往西走到四川峨嵋山，往南走到廣東羅浮山。洞天的道路不分遠近，真的想要一直走下去的話，走到通往天上仙境的崑崙山再出來也行。

自古以來，地底大道相關的傳聞始終沒有停止過。張華《博物志》記載了洞庭湖的君山之下有道路通往太湖的包山，據說走通這條路的人，會在洞天之路的終點找到一斗美酒，喝下這斗酒的人可以長生不死。《婁地記》也說洞庭山有三個洞穴通往洞天，西北方的洞穴非常狹窄，要一個瘦子很努力擠進石縫中才能進得去。吳國的使者曾經奉命進入洞穴中，走了三十里路，忽然聽到頭上浪淘拍打的聲音，才發現自己已經來到湖水或大河的水道底下。而且這個洞穴有一種可怕的蝙蝠，體型碩大無比，單就大小而論，堪能比擬楊過身邊的神鵰。這種鳥看到人類就會飛過來攻擊，把人都當成食物吞噬。在這個深不見底的洞穴中，隨時都潛藏著致命的危險。

這種聯絡各大洞天之間的地底道路，可以統一叫做「地脈」。他們像是人體內的血管一樣，密密麻麻的四處延伸，佈滿大地之下。地脈中充滿看不見的精氣，所以生長在裡面的許多事物在長年累月的浸潤下，都有著超凡的力量。傳說孫權曾經派人到洞庭山下的洞天挖掘金礦，金礦確實是找到了，但是當工人們動手開鑿的時候，礦中的黃金突然變形，長成一頭壯碩無比的金色大牛，邁開四條腿向山上衝撞過去。地上的凡人哪裡擋得住這頭金牛？只能看著牠一路狂奔，最後消失蹤影。不過，金牛在地面奔跑的時候留下的痕跡被保存了下來，於是當地人都把牠出現的地方叫做金牛穴。

還有，地脈中長滿奇形怪狀的石頭。就像我們現在看到的鐘乳石洞一樣，大家可以自行揣想，層層堆疊的石筍、石柱從地面一直連接到洞穴天頂，在火光的照耀下向四面八方反射出閃爍的光彩。不只是這些石頭，連石頭上長出的青苔都是神物。傳說中梁武帝的時代，有一位老者叫做仰公，因為在山上健行的時候不小心掉到洞天的龍宮中，苦苦尋找回家的路。走一段路之後，仰公又餓又累，就要癱倒下去了。在強烈的飢餓感逼迫下，他抓起地上的青苔就往嘴裡塞，名副其實地在吃土。但沒想到，洞天中的青苔吃起來不但沒有草味，還有種粳米飯的穀類香氣，而且一吃肚子就飽了，人也有了力氣。最後終於讓仰公找到離開的道路。

洞天神話

洞天內部為什麼有這麼多奇妙的事物呢？究竟它是怎麼形成的？在道教的神話裡，洞天是創世之際的一股元氣所形成的。在這個世界還沒誕生的一片虛無中，三股先天之炁驀然誕生了。太無生出了始炁，太虛生出了元炁，太有生出了玄炁，這就是道教創世論最重要的玄、元、始三炁，也可以叫做上、中、下三炁。三炁混合，在世界初創之際的一團混沌中，化分天地，造就日月，孕育出我們人類所生存的世界。

洞天之所以要用「洞」做名稱，是因為天、地和人都是從虛無中誕生的，天、地、人的本質和構造都是虛無。「無」是萬物最根本的源起，也是道教最終極的大道。所以，天上空無一物，叫做空；地下中空之處，叫做洞；人體內的空間則叫做洞房。古代的中國人認為人體內部充滿各式各樣的空間，氣與血液都遵循著體內的經絡穴道運行，是一個中空而且具有流動性的身體，不像現在大部分人受西醫觀念的影響，把身體看做是實心的。道教把這樣的概念吸收進來，才會說人體內部也是空無的場所。

所以說，天、地、人三才在誕生之初具有完全相同的根源，在構造上也能夠彼此對應。這就是為什麼洞天世界以洞為名的緣故。天上有日月，地下也會有日月；人體內有經脈，大地底下就有地脈；天上有銀河，地表有江湖河海，人體有血流津液的循環，洞天裡面自然也有水澤流淌；天上可以看到雲氣的流動，人體就需要呼吸空氣，而地下的洞天也就會有地氣的進出。這樣一組又一組的對應關係，象徵著世界萬物都有相同的構造，也同樣能回歸到最初根源的虛無之中。

既然洞天的存在有這麼深遠的意涵，它就不是凡夫俗子想要尋找就能找到的地方。《真誥》記載著，精誠所至，金石為開，這個道理在尋找洞天的時候也能適用。中茅山的洞天入口被磐石所阻擋，門口還有山靈守衛著，一般人和汙穢的邪鬼精怪根本無法靠近。如果是一位誠心修道的人想要進入洞天的話，首先要齋戒沐浴好幾天，把身心靈徹底清潔乾淨之後，才能通過神靈的考驗，獲得進入洞天的資格。

另外，大茅山上進入洞天的南便門前，同樣有磐石擋住，也有山靈守衛。所以修道人要精心齋戒，對著掌管生命和死亡的神靈祈禱，經常上山祭祀，禮請神明降臨，這樣才有可能感動天地，找到通往洞天的道路。相傳只有三國時期的仙人左慈曾經成功的進入大茅山的洞天。這也是為什麼洞天世界這麼廣大，地脈道路遍佈地底，但是極少被人發現的原因。

禹帝埋藏的大秘寶

洞天世界蘊藏著許多神秘的事物，要進入洞天又是這麼困難，這往往也代表著進去之後能夠獲得某些凡間所無的偉大祕寶。道教流傳過一則傳說，提到洞天裡面除了仙人的宮殿和讓人長生不死的芝草靈藥之外，還埋藏著禹帝的祕寶，可以說是洞天傳說中最奇特，又最有神話和歷史意味的故事。

大禹治水的神話相信大多數人都不陌生。相傳中國上古的第一位聖王帝堯時，黃河決堤引發大洪水，人民苦不堪言。帝堯於是派遣禹的父親鯀去治水。鯀在黃河沿岸築堤，希望用高聳的堤防擋住氾濫的水流。可是他耗費九年的時間築堤，儘管暫時止住了洪水，黃河挾帶的泥沙卻不斷淤積在河道底部，把河床不停墊高，水位也隨之升高。鯀再怎麼修建河堤，最後還是擋不住升高的水位。鯀因為治水不力，而被後來繼位的帝舜給流放。這時禹接手了鯀的工作，改用疏導水流的方式治水，經歷十多年的時間終於成功。

禹因為治水成功而成為帝王，創建夏朝，因此圍繞他的生平產生了很多不同版本的神話。一個神話說禹能夠變身成熊，用獸化後的身體施展巨大的怪力，把工程中的山壁鑿開、清理擋路的大石。禹的兒子啟據說是從石頭裡面誕生的，所以用開啟的「啟」來命名。和道教相關的是，廟裡常見到恭奉的三官大帝中，禹就是天、地、水中的水官大帝，或者稱水仙尊王。

春秋時期的史書《國語》曾經記載過一則大禹的傳說。相傳禹平治洪水之後，即位天子，向南方巡狩，最後來到了會稽（今紹興一帶）。禹在會稽登上一座山的山頂，準備舉辦祭典，禮拜眾神。理應準時參加祭典的臣子當中，有一位名叫防風氏的諸侯，不知道為什麼竟然遲到了。禹對於防風氏怠慢祭神的過失非常憤怒，下令殺死防風氏，把他的骨頭拆散，用他遺留下來的人骨打造成一輛馬車。

一個人的骨頭竟然能用來造馬車，這不僅表示防風氏肯定是數十公尺高的巨人，他的骨頭也和金屬、巨石一樣堅硬，絕非一般人類。而禹在會稽祭神的典禮被打擾，似乎帶來了一股不祥的氣息。在另一個《竹書紀年》版本的故事中，禹甚至是一個野心勃勃的反派角色。李白寫過一首著名的〈遠別離〉詩，裡面有一句：「堯幽囚，舜野死。」暗示著大禹奪權上位，舜並非壽終。只是到底禹在會稽發生了什麼事，這些事到底有多恐怖、影響多深遠，已經沒有人知曉了。後來防風氏之骨打造的馬車，也就這樣被留在會稽。

時光一轉眼來到春秋時代，吳王闔閭擊敗楚國和越國，來到了這塊古時候的會稽之地。意氣風發的吳王驚訝的發現，這輛防風氏骨車竟然還收藏在越國！他獲得骨車之後，派使者找來孔子詢問這段上古公案。宴會中，使者冷不防抽出一根巨大的骨節，問孔子認不認得？孔子一見大驚，但是立刻認出這是傳說中的防風氏之骨。

在《國語》版本的故事中，大禹所造的祕寶是防風氏骨車。但是到了魏晉南北朝時期，隨著道教的興起，為祕寶賦予更多神秘的宗教色彩，於是產生了新的故事版本。

王嘉《拾遺記》說，大禹治水之時，因為工程非常辛苦，耗費大量的時間還沒有辦法成功，於是有一位神人化身來到禹的面前，笑他這麼辛苦的工作是不會成功的。禹也不是凡人，目光一掃就發現這不是凡人，而是天上降來的大神，於是立刻叩拜在地，懇求神人教他治水之法。神人笑著告訴他不用急，他手上有「靈寶五符」，是這世間最靈驗、最寶貴的一種祕法，使用這項秘術除了自己可以超凡脫俗、長生不死，還能夠驅使虎豹蛟龍這些猛獸和天地間一眾鬼神。禹學習神人所傳授的靈寶五符後，很快就治好大水，然後依照神人的囑咐，把這項不應該在人間現世的秘術埋藏在了洞庭苞山之穴。

《拾遺記》談到這則故事時，只寫到大禹藏寶而已。葛洪《抱朴子》把這個故事接下去寫完，原來這洞庭苞山之穴就是其中一個洞天世界。而且因為地理位置在春秋時代的吳國境內，所以吳王闔閭有一次在山上開採石料，打算修建宮殿的時候，竟然意外的在工人們劈開的巨石中，發現一卷「紫文金簡之書」。紫色在古代可是帝王專用的正色，金簡也絕非一般平民所能負擔的貴重之物，可見絕非凡俗之書。興奮的吳王闔閭立刻想起大禹的傳說，馬上派遣使者帶著這道紫文金簡之書到魯國請教孔子。

使者見到孔子後，故意說這卷書是一隻火紅顏色的雀鳥飛到吳王庭院中，把鳥喙叼著的書卷放下的。孔子一看，立刻認出這是道教神人所傳授的「靈寶之方」，學習這項秘法的人，近則長生不死，遠則羽化昇天，遨遊天庭，與宇宙共存共亡。但是據說上古時代只有大禹曾經學到這項秘法，不曾聽說過有赤鳥銜來的記載。看來這個版本裡的孔子不只是博學多聞，還精通道教法術，才能一眼認出這卷靈寶神書。如果大禹因為學了這卷神書而不老不死，難道孔子也……？可惜他沒有想到吳王的使者故意講假話騙他，大概孔子只是凡人當中修為最上等的人類，還沒有練出仙人境界的神通大能吧！

龍威丈人秘境尋寶

禹帝秘寶的傳說誕生以後，道教也根據過去的記載，講述了一個最為詳盡的尋寶傳說。在接下來的故事中，我們可以發現之前幾個版本的故事元素會不斷地重複出現，形成一個龐大而完整的洞天故事。這個版本的故事被記錄在一部道經《太上洞玄靈寶五符序》裡，故事的開頭不意外的是從吳王闔閭開始：

吳王闔閭十二年，相當於公元前五百零三年，這個時候的闔閭可以說正處在他生涯中最為強大的時刻。他已經任用名將孫武、伍子胥，消滅了徐國和鍾吾國，擊敗越國，甚至攻進強大的楚國首都，讓楚國瀕臨滅亡。闔閭開心的建造起姑蘇臺，開始享受他打下的江山。

他在之前巡視領地的時候，發現了一位隱居包山的奇人，周遭的人都稱他為龍威丈人。闔閭不敢怠慢，好幾次親自拜訪龍威丈人，聽聞到了許多常人從來都沒聽過的秘聞。其中一項秘聞，就是位於地下又四通八達的洞天世界。闔閭不敢輕忽這些情報，他誠懇的拜託龍威丈人擔任吳國的使者，到洞天世界中去尋訪一番。龍威丈人也不推辭，拒絕了吳王手下的人馬，帶著行囊便孤身一人出發了。這一去，就在地下世界待了整整一百七十四天。

龍威丈人進入地底之後，走在一條黑暗幽深的道路上，必須點燃火把小心前進。他藉著火光觀察周圍，朦朦朧朧之間可以看見四周都是青色的石塊，詭異的是石塊不但長寬高達五、六丈，而且石塊的形狀大小還很一致，就像是有人刻意規畫過的一樣。難道這條地下世界的通道，也是某種超乎凡人的存在所開鑿出來的嗎？

當他雙腳踏在地面上，空洞中規律地迴盪起一陣又一陣的回音。道路有時寬廣，有時狹窄，逼仄的地方甚至需要把身體擠進石洞的縫隙才能繼續往下前進。當他連肺部空氣都快被擠壓出來的時候，心裡不禁油然而生出一種恐怖感：假如他真的被卡死在石縫裡，在這地底世界裡還有誰能來救他？青石構造的地面不時會踩到積水，似乎有地下水流滲透在洞穴各處。

龍威丈人走了將近一千里之後，眼前忽然大放光明，彷彿來到一個美麗的新天地。這裡亮得跟地表的白天一樣，道路左右都有挖掘出溝渠，每三十里還挖有一座石井，更神奇的是只要喝井水肚子就會飽，根本不會想再吃其他東西。路上不時可以發現人馬往來的痕跡，還有向外岔出的小徑。唯一詭異的是，這裡既然到處都是人造的建築，理論上有人居住，可是龍威丈人從來沒有看到任何一個人的身影。到底人都去哪裡了？是他們離開了，還是他們隱形了，或者龍威丈人自己才是那個因為闖進聖域而形體消失的人？

再走下去，龍威丈人來到了最寬闊的一處大空洞。在這裡往上看是看不到天花板的，溫度不熱不冷，剛好適合人居住，空氣中隱隱約約可以聞到不同種類的花香。路旁建有許多樓房，每一棟建築都雕造得美輪美奐，門口則是寬敞的大路。站在所有大道匯聚的路口，可以看見四方各有一支玉柱，高聳上天，柱子上還掛著「九泉洞庭之虛」的牌匾。原來這裡就是洞庭地底的洞天世界，是傳說中深埋在九泉之下，唯獨修真得仙靈或死去的亡者才會來到的地下世界！

龍威丈人在走了七千里之後，終於來到了一座氣勢雄偉磅礴的城池。宮殿裡的樓房如果不是散發金黃的光芒，就是幽幽地綻放玉石溫潤的色彩。房間裡依稀可以看到有家具、有床席，窗櫺和梁柱點綴著各種紫玉和寶石。唯一奇怪的事情又來了：這裡明明就是一座有人生活著的城池，但是龍威丈人還是看不到任何一個人的身影。這到底怎麼回事？龍威丈人納悶地抬頭看向城門口的匾額：「天后別宮」、「太陰之堂」，心中一驚，這絕對是遠古大神居住的宮殿，千萬不能有輕浮的舉動褻瀆了這塊聖域。

於是龍威丈人沒有立刻走進城內，而是在城外就地扎營，展開整整三天三夜的齋戒。動身之前，龍威丈人務必確保自己的心思純潔，裝束整齊，不敢有一絲一毫怠慢。當他踏步向前時，城門沉著而緩慢的自動打開，龍威丈人走進一間玉房，在書桌上找到一卷赤色的文書，上面寫著一連串完全無法理解的天書篆文。龍威丈人在空蕩蕩的房間中跪下，對空叩拜說：「我只是一個微不足道的凡人，這次是為了擔任吳國國君的使者而來到聖域，請神人賜給我這卷寶書，讓我帶回去當作宣揚大神威能的信物吧！」

然後他才恭恭敬敬的把赤色的書卷收好，帶出了城池。等他一走出城門，城池的大門轟然一聲關閉起來，聲音和空氣震動出的巨大波浪讓龍威丈人的心臟狂跳。城裡忽然又傳來大隊人馬列隊行動的聲音，甚至還吹響簫鼓，帶來一陣巨大的威壓。

龍威丈人見狀不敢久留，又無法繼續往前走下去，只好轉頭往來時的路上回返。好不容易經過漫長的隧道，回歸地表，這才把那一卷赤書神文獻給吳王闔閭，作為此行成功的證據。

問題是，這卷赤書神文到底寫了什麼內容？闔閭很想解開這個謎，只好派遣使者去魯國訪問孔子。在這個版本的故事裡，吳國使者同樣騙孔子說是赤烏銜著赤書神文自己飛到吳國宮廷獻給闔閭的。不過，這個版本的孔子沒那麼好欺騙，孔子碰都不碰一下那卷神書，悠哉悠哉的對使者說：「我以前早就聽過一段預言說，吳王出巡的時候會結識一名隱居包山的龍威丈人，進入洞庭之下的九泉深處竊取大禹神書，這卷神書上面寫的是天帝專用的上古神文，一般凡人是不可能看懂的。反倒是吳王拿到神書，洩漏天機，必將有喪國之禍！」

孔子抬起頭來，頓了一頓，似乎在空中尋找著什麼，又或者是在腦袋裡回憶起一些太過久遠、莫可名狀的傳說。接著他就對使者講起了大禹祕寶的神話：「傳說中大禹治水有功，受天命所賜即位成為天子，南巡到鍾山的山腳之下發現了黃帝、帝嚳所收藏的太上靈寶真經。後來巡遊到會稽的時候，解開真經裡面的靈寶玄文，寫成神書，抄寫成兩部真經。一部藏在大石之中，埋在洞天之內；一部投於水底，付予水神守護。依我所看，吳王得到的這部神書，必定是當年大禹用靈寶真文寫成的神書，如今被龍威丈人在洞天宮府中取得。」

吳國使者聽到孔子戳破謊言，大氣都不敢喘一口，全身冒出冷汗，乖乖回答：「是的，正是您所說的這樣。」

子路聽他承認說謊就不爽了，在一邊開嗆：「老師，這種狡詐的奸細，給我宰了沒問題吧？」

孔子連忙阻止子路：「別動粗！我告訴你們，這部天書不是凡人有資格打開來看的，只有得道的神仙能夠運用裡面所記載的道術。如果吳王真的希望修練神書裡面的道法，必須先退位隱居，在深山齋戒修行，忘卻紅塵煩惱。到時候我或許能教他神書裡面的內容。要不然，千萬不要試著打開它來，免得洩漏大道，引動上天殺機，到時候誰也救不了他了！」

孔子說完，吳國使者連忙灰頭土臉的回國去了。吳王闔閭聽完使者的報告，雖然覺得很遺憾，但是也不敢打開這卷神書，只能收在皇家寶庫裡，作為傳國之寶。可是他的兒子夫差野心勃勃，就沒有老爸那麼安分了，夫差趁人不備，偷偷跑到藏寶庫裡面把神書打開，這一看不得了，神書在夫差的手中慢慢變得影像模糊，不久之後就變得透明，最後消失無蹤。當年收藏神書的封套都還在，如今只見夫差呆呆地空著雙手，糊里糊塗完全搞不清楚發生了什麼事。

這下子孔子當年講過的話才全部印證了。為什麼孔子不肯打開神書來看？恐怕是他也不敢確定自己有沒有資格讀這書裡的上古神文，一旦打開來，不但神書消失，自己都可能被天災懲罰。夫差弄丟神書之後，果然吳國在不久的未來就被勾踐消滅。這應驗了孔子聽過的預言，吳王洩漏天機，必有喪國之禍。但這位吳王原來不是闔閭，而是莽撞的夫差啊！

誤入仙境的傳說

龍威丈人的故事告訴我們，道教建構自己的神話時，往往融合了許多古代傳說的元素，把裡面的角色改頭換面一番之後，再置入像靈寶玄文這一類的神聖法術和宗教概念，就脫胎出道經裡面玄幻奇妙的洞天世界了。

魏晉南北朝時期有了古代洞天觀的流傳，再加上道教的推波助瀾，促使當時的人們想像出許多迷人的仙境故事。這使得六朝不但成為古代小說寫作突飛猛進的關鍵期，也讓小說中融入大量宗教和神怪的元素，形成志怪小說獨盛的局面。魯迅先生曾經說過：「自晉訖隋，特多鬼神志怪之書」。當時的人不但沒有把這些鬼怪故事當成虛構的想像，還特別認真的認為真的有這些渺遠的仙境和神幻莫測廣大的鬼怪世界。

在這些怪異的故事中，和洞天有關的就有好幾種類型。第一種是類似蒲島太郎傳說的仙境故事，特別著墨於「天上一日，地下千年」的時空變換。《拾遺記》有一個故事說，洞庭山上有一個靈洞，走進去的人會恍恍惚惚的，彷彿看到眼前有一盞飄在空中的燭火引路。只要你跟著燭火往前走，就會進入另一個新天地。裡面光耀如白晝，雕梁畫棟，到處都是芬芳馥郁的花香飄揚。傳說有一個採藥人不小心被燭火吸引走進山洞，在洞中的城鎮遇到許多仙女。這些仙女穿著輕薄艷麗的霓裳羽衣，每一位仙女都極其漂亮，皮膚光滑水嫩，好像她們雖然身在當下的時空，時間卻從來不會在她們身上流逝一樣。或許仙女們表面上是年輕女子，實際上都活了千千萬萬年呢？

採藥人見到仙女之後，受到熱情的招待，不但為他擺上豪華的宴席，吃到地表絕對找不到的神奇菜餚，喝下泛出金光的飲料，仙女們還一起演奏樂器，讓他聽得如癡如醉。這世上真的有這麼好的事情嗎？也許採藥人曾經懷疑過，但仙境的美好生活讓他把一閃而過的疑心拋在腦後。一眨眼就過了好長的一段時間。

採藥人有一個兒子，他過了這麼久不回家，開始擔心起孩子。仙女們也不慰留，告訴他一樣跟隨著洞中的燭火就能回到家鄉。採藥人順利地走出洞口，下山時才感覺奇怪，怎麼村裡的人全都不一樣了？以前的老鄉沒有一個在的。他連忙抓住人詢問，問遍了村裡的人，才發現現在已經是三百年後的世界，而住在家裡的已經是他的九代孫了！

這種時空錯亂的故事在當時非常常見。誤入洞天的人們儘管再怎麼悔恨，也不能追回這數百年的時間和所有故舊親友了。洞天世界雖然和人間相連，但是又不真的是人間。它帶給人們超凡脫俗的體驗和寶物時，同樣會降臨恐怖的災難。

但是，洞天世界也不是完全沒有人情味的。既然洞天中住著許多美麗的仙女，誤闖洞天的人難道沒有可能和仙女超越仙凡的界線，談一場神與人的戀愛？《幽明錄》就記載著這第二種的故事：

傳說漢朝時的一個年輕人黃原，有天突然見到家門口坐著一頭青色獵犬。他越看越喜歡，就把狗養起來，平常上山打獵的時候帶著去趕動物。有一天黃原在山上看到一頭鹿，立刻放狗趕鹿，沒想到追著追著鹿跑不見了，狗兒在前面跑得暢快，黃原自己都追不上。

黃原跑到氣喘吁吁，快累癱的時候，才發現已經偏離平常的獵場很遠。眼前有一個洞穴，他就跟著狗一起走了進去。黃原在洞穴中走了一段路，忽然看到一塊開闊的平原，上面種植著一排排的柳樹，甚至可以看到鋪好的道路，還有路盡頭的村落。黃原走到村裡，一數之下，發現竟然有好幾十棟房子，每一棟房屋前都有一位高顏值的美女，手上玩著樂器，或著和朋友下棋。

村莊北面有三間大房，門口的侍女看到黃原一點也不驚訝，反而笑了起來：「妙音的丈夫來啦！」顯然妙音也是住在這裡的女子之一。大屋裡面走出一位看起來像長老的女子，身旁的四位婢女稱呼她為太真夫人。夫人告訴黃原，妙音是這裡剛成年的女子，命中注定與你有緣，村裡已經準備好婚禮的會場，請你來做新郎吧。

說著說著，太真夫人就帶著黃原來到婚禮會場。一位已經盛裝打扮的女子坐著，她一轉頭，姣好的容貌美到幾乎讓黃原暈眩。黃原這輩子哪裡碰到過這麼離奇的事情，一個仙女老婆從天上掉下來？但這麼好康的事，想一想也沒道理拒絕，於是他立刻在眾婢女的引導下更衣，換上新郎的裝扮，當晚就和妙音結婚了。

幾天之後，黃原才想起他應該回家跟親友說一聲。妙音忽然就紅了眼睛跟黃原說：「你是人間的人，本來就不能在這裡待太久，你這次一回去，我們就不可能再見了。如果你還想著我，每年三月要做一次齋戒。」

黃原聽完話，沒有打消回家的念頭。妙音也沒有說三月齋戒有什麼功用。等黃原回到家之後，腦袋恍恍惚惚，後來再也找不到洞天的入口。他很後悔，只好照著妙音的囑咐，三月的時候誠心齋戒。在齋戒的月份內，黃原經常可以看到有華麗的車駕在空中飛騰，窗簾飄起的時候隱隱約約可以看到妙音的臉。只是天上的車駕不會降落地面，黃原終究永遠沒有辦法和妙音再會。

第三種類型的故事，是誤入仙境觀看仙人下棋的套路。比如《洞仙傳》著名的爛柯故事，說有一名樵夫王質上山砍柴，無意間走到一個石洞中，發現有好幾個小朋友在下棋，沒對弈的小孩子就在旁邊唱歌嘻笑。王質原來砍柴也覺得累了，就把斧頭放在地上，看一群小孩子下棋唱歌。有個小朋友跑來分他一枚棗子吃，他就吃了，忽然身上的疲倦感消失，精力恢復，嘴巴裡也不口渴了。小朋友玩了一陣子之後，跑來跟王質說：「你也來很久了，該回家去了。」王質伸手想拿他的斧頭，沒想到斧頭的木頭手柄已經完全爛掉，沒法拿了。王質一時還想不明白，等他想明白之後才大驚：要等斧頭的柄爛掉，可是需要幾十年到上百年的時間，難道他剛剛看棋這一晃眼的時間，已經好幾個世代流逝過去了嗎？

在這些仙境的故事當中，洞天的意象永遠是不變的基底。它象徵著平常凡人無法透視的神聖世界，裡面住著不死的仙人仙女，產出地表找不到的奇珍異寶。洞天和凡間不是完全斷絕的，只要找到正確的石穴入口，就能進入。但是凡人一旦從洞天出來，就再也不可能回到原地。而且最可怕的是，洞天世界的時間流逝速度和人間不同，洞天中的幾個時辰，相當人間的百年千年。如果誤入洞天的人早知道如此，他還願意進去嗎？一旦進去之後，你也只剩兩種選擇：一種是回到原本的家鄉，看著所有熟識的人早在數百年前死盡死絕，你永遠是這人間世上最孤獨的陌生人。又或者你可以選擇留在洞天，再也不出去。但無論如何，你和家鄉的父母親人都已永訣。

〈桃花源記〉的真意

洞天的各種故事，不只影響古代小說的形成。讓我們把洞天的意象和故事套路考慮進來，再來重看陶淵明的〈桃花源記〉，這篇堪稱我們最熟悉的文言文名作，裡面描述著一個所有人遠離紅塵紛擾的幸福理想國，應該能讀出很不一樣的滋味。

陶淵明這位不為五斗米折腰的先生，他的生平大概不必再多作介紹。大家比較少知道的是，他也是個很喜歡靈異故事的人。陶淵明編輯過一本《搜神後記》，裡面記錄著他到處打聽到的鬼怪故事。在《搜神後記》裡面，也有一則洞天的傳奇：

這個故事說，晉朝初年有一個人不小心掉進一個巨大的石窟洞穴，洞裡烏黑一片深不見底。洞口的同伴下不去，又怕他餓死，就丟了很多食物下去給他。幸虧主角的腳沒跌斷，他拿到食物之後摸黑往前走，在黑暗中摸索前進了十幾天，忽然走到一個天色光亮的地方。這裡蓋了一間草屋，裡面還有兩個老人正對坐著在下棋。主角向他們求助，老人給了他一杯白色的飲料，他一喝下去忽然覺得體內源源不絕地冒出巨大的力量，彷彿一瞬間脫胎換骨一樣。

下棋的老人告訴他，想出去的話就往西邊走，到一座天井，會看到井中有很多蛟龍。想出去一定要通過這口井。但是你不用害怕，現在的你不會死在這些蛟龍手上。你在井裡前進，如果感覺餓了，就隨手把井壁上的東西挖下來吃。

主角照著老人的吩咐走下去，果然找到天井，一咬牙往井裡跳進去，落地之後往前走，又經過半年多的時間才找到出口。當年他從洛陽跌入深洞，而他走出來的出口已經在四川境內。這兩地相隔的距離，用今天的量尺來計算，恐怕有上千公里遠。

陶淵明平常很喜歡蒐集這些故事。上面這段尤其是典型的洞天觀棋故事。書裡還寫到，那杯喝了就能力量百倍的白色飲料是玉漿，井壁上可以刮下來吃的東西叫做「龍穴石髓」，兩位下棋的老人是仙館大夫。主角名符其實地誤闖仙境，還好只經過半年時間就回來了，不必付出千百年的時光作代價。

除了平常蒐集到的鬼怪故事之外，陶淵明在寫〈桃花源記〉的時候還有一個更簡略的版本可以作對照。跟陶淵明差不多同時代有位劉敬叔，平常也喜歡蒐集鬼怪故事，寫了一本《異苑》。《異苑》裡記載了一個短小版本的桃花源故事：

元嘉初，武溪蠻人射鹿，逐入石穴，纔容人。蠻人入穴，見其傍有梯，因上梯，豁然開朗。桑果蔚然，行人翱翔，亦不以怪。此蠻於路斫樹為記，其後茫然，無復彷彿。

有了洞天的概念之後，可以很明顯看出這個故事受到洞天石穴的意象啟發。獵人在無意間發現狹窄的洞穴通道，通道盡頭一片光明與地表無異，這裡面人來人往，但是一旦離開洞穴之後，就不可能再回到裡面。

〈桃花源記〉描寫的故事有著幾乎一模一樣的結構。只是〈桃花源記〉用的年號是東晉太元年間（公元三七六－三九六年），而不是劉宋元嘉年間（公元四二四年）；陶淵明寫的是武陵人（今湖南常德）而不是武溪（湖南湘西），主角是漁人不是獵人，而且漁人是先看到桃花林才發現石穴，不像《異苑》的版本裡沒有桃花林的存在。兩個版本中，主角進入石穴的經過差不多，都是先通過非常狹窄的石縫，接著路越來越寬，最後突然來到一片平坦的土地，光明如白晝，裡面人來人往。最後離開時，漁人和獵人都在路途上作記號，希望以後重新造訪，但記號卻莫名消失，讓回訪的道路永遠湮沒。

陶淵明的〈桃花源記〉和簡略版不同之處在於，他增加了漁人和桃花源中人的對話。如果從洞天故事的套路來看，這段情節並不奇特。因為誤入洞天的人受到仙人招待吃喝，甚至和洞天裡的仙女戀愛，都是很常見的故事主題。陶淵明只是把仙人換成秦代避亂的普通人類而已。

武陵桃花園
（費晴湖，筆，紙本淡彩，繪於1781-1800年間，長崎歷史文化博物館藏。見於大阪市立美術館《道教之美術》圖錄，圖版347）

不過再仔細一想，〈桃花源記〉裡的人真的只是普通人類嗎？有沒有可能桃花源裡面的時間流逝速度與外界不同，所以外界從秦代到魏晉已經歷經數百年以上的時間，而桃花源裡的時間才流逝一點點，所以人們沒有察覺呢？當漁夫準備動身離開的時候，桃花源的人們對他說裡面的事情：「不足為外人道也」，他們肯定不是在謙虛客套。但這單純是因為裡面的人不希望平靜的生活再次被外界干擾，還是因為他們心裡知道桃花源與外界是不同的兩個世界，本來就不可能穩定地聯繫交通，所以用不著費心多說呢？尤其是當漁人離開的時候，沿途作下標誌路線的許多記號，是什麼神秘的力量讓它們自動消失無蹤，使得漁夫本人和後來尋訪桃花源的劉子驥，都再也找不到路了呢？

如果我們把道教洞天仙境的觀念帶進來，就會發現所有這些元素都可以被解釋。難道這不是〈桃花源記〉受到道教影響的一項深刻烙印嗎？陶淵明不是憑空創作出這篇大名鼎鼎的文章，他只是修改了幾個對細節的描述，只是文章流傳出名之後，大家反而忘卻了背後有這麼多道教催生的觀念呢。

CHAPTER 5

只要你懂真形圖，山就會幫你
——五嶽真形圖奇譚

你以為的真實只是鏡花水月

你有沒有懷疑過自己眼睛看到的東西，不是它真正的形象？早在道教誕生之前，人們就在懷疑眼前的世界不是真的。不一定是你自己的眼睛欺騙了你，也有可能是你所無法理解的事物偽裝了形象，把你的眼睛給騙過去了。

法國的哲學家笛卡兒講過最有名的一句話「我思故我在」，很多人都誤會他的意思，以為他在推崇思考的價值。其實不然。笛卡兒懷疑他在這世界上看到的一切都不是真的，是魔鬼為了欺騙人類而假造出來的幻象。假如有一個魔鬼能夠直接在你的大腦裡面輸入這些幻覺，你對整個世界的認知難道不就是一場幻夢嗎？這世上還有什麼是真的、是可靠的呢？

笛卡兒想到魔鬼唯一不可能假造的一件事情，就是「我正在思考」這件事情。如果沒有正在思考的我，魔鬼創造的幻象要輸入給誰呢？如果沒有魔鬼要欺騙的對象，那一切幻境就沒有意義了。換句話說，「我有意識」這件事情，剛好就證明了我的存在！這才是「我思故我在」的真正意涵。

中國古代並沒有像笛卡兒這樣的哲學家，嘗試用理性的思辨去尋找不能偽造的真相。他們相信的是，這世界上的一切事物都沒有永恆固定的形象。因為所有事物，包括人類在內的一切生命，都是由無形的元氣所構成的。元氣既然可以變化成千千萬萬種不同的形象，當然也可以再次變化，變成下一種不同的存在狀態。

人類和動植物的身體、金屬、山水、鬼神、符咒、圖畫……沒有哪一件事物不能變化。所以，這個世界上根本沒有所謂永恆不變的真相，天地之間一切自然現象都是暫時性的、階段性的，而唯一可以說不會改變的東西，大概只能說是構成萬物存在的那股無形的元氣了吧。

這樣的說法看似有些弔詭，但恰好是道家哲學最關鍵的概念。假如無形才是萬物的本質，那麼所謂的「真形」也只能夠是「無形」了。問題是，無形是看不到的，這是不是代表人類永遠不能依靠肉眼去認識外界呢？或者我們更應該問的是，假如肉眼看到的形象都是虛幻的話，要怎麼樣才能看穿眼前的假象，穿透事物的真正本質呢？

專門記載漢朝軼聞掌故的《西經雜記》裡面可以找到一條傳聞，說漢高祖劉邦在秦朝末年起兵，剛剛打下秦國都城咸陽，進入宮殿中的寶庫，找到了一張方形的魔鏡。這張鏡子不是白雪公主裡面那種會講話的魔鏡，它的表裡都是清澈透明的，只有一個特點跟其他鏡子不同，就是任何人站在鏡子前面，影像都會被顛倒過來。如果照鏡子的人用手摀住心臟的位置，人在鏡子裡的影像就會變化，皮膚血肉都會變得透明，只剩下五臟六腑鮮活的在鏡子裡面跳動。咸陽宮裡的人說，過去這張魔鏡都是給御醫使用，可以輕易地發現人體內的疾病位置，對症下藥。

但是秦始皇即位之後，他對身邊的人充滿疑忌，所以拿魔鏡去照所有宮人，一旦宮人在鏡子裡膽張心動，就表示心有邪念，秦始皇就會立刻將她斬首示眾。

這種透視鏡的傳聞還有一則記錄在任昉《述異記》裡。書中記載著，有一個神祕的國度名叫日林國，國境西南方有一塊異常巨大的石鏡，面積高達數百里平方，鏡面透徹明亮。只要人走到鏡面上，就能透視身體裡的五臟六腑，病人的病灶便能照得一清二楚。所以這面鏡子又被稱為仙人鏡。擁有仙人鏡的日林國從此沒有治不好的病，國人壽命高達三千歲，甚至有人能長生不老。

通達鬼名：控制鬼神的真名信仰

人體內的五臟六腑畢竟還是有形之物，能夠被透視鏡照出來，似乎只是稍微貼近一點剛才講到的「真形」。那麼，在這世上無處不在，又無形無相的鬼神呢？假使舉頭三尺真有神明，或者我們生活的周遭真的有鬼魂作祟，有沒有辦法能夠讓他們現出原形呢？是的，道教真的有辦法。

自漢代以前，古代信仰就把「描述和命名鬼怪的姓名學」當作最有效的辟邪法門。秦代的睡虎地簡帛《日書》裡面記載著多達數十種鬼的分類，包括刺鬼、丘鬼、夆鬼、哀鬼、棘鬼、孕鬼、陽鬼、欸鬼、特鬼、暴鬼、游鬼、不辜鬼、粲迓之鬼、餓鬼、遽鬼、夭鬼、癘鬼、幼殤鬼、擊鼓鬼、屈人頭鬼、哀乳鬼、恒從人女之鬼、當道以立之鬼等等。

先秦時期的這種鬼書會分門別類的敘述鬼怪之名，然後再說明如何驅逐他們的方法。《日書》提到，假如有人碰到飄風之鬼，趕快把自己腳上的鞋子脫下來，丟進旋風裡，就能夠平安脫身。另外，《白澤圖》也有記載，碰到玉石化成的妖精，用桃木製成的戈可以對他造成重創。但是，最快最有效的手段，便是直接呼喊出鬼怪的真名。比如火精靈叫作「必方」，長得像小孩子、晚上披頭散髮在家裡作怪的小鬼叫「溝」，一見到它們趕快大喊其真名，就能趕走鬼怪。

魏晉南北朝時期天師道的經典《女青鬼律》，書中的秘術據說是由太上老君漢天師張道陵所傳授。「女青」是太上老君派駐人間的密使，上天為鬼神所制定的律法叫做天律和鬼律，就是由女青來代行的。不過女青並不是這位神明的真名，祂的真名蘊含極其恐怖的力量，任何邪魅鬼怪一聽到女青的真名，就會當場灰飛煙滅。因為這個名字太過隱密，所以即使是在道門中的高人，也從未有人能把女青的真名流傳下來。

女青的真名雖然不傳，但是這關係到整部《女青鬼律》最關鍵的咒術：呼喚真名。對真名的信仰不是道教的專利，在世界各地的古代宗教和禁忌中，都很容易找到真名的痕跡。早期的宗教學家弗雷澤整理當時歐洲從世界各地蒐集到的傳說和民俗，寫出了他最著名的作品《金枝》。雖然裡面絕大多數的論點現在都已經被推翻了，但他對真名信仰特徵的歸納，還是一般人最容易入門的說明：

真名不單純是稱呼一個人所用的符號，真名和它所代表的人有著超越世俗之物的深刻聯繫。當你呼喊一個人的真名時，你就等於掌握了對方的靈魂，擁有著任意驅使對方靈魂的力量。所以部落裡的人從來不輕易把真名告訴別人，唯獨在最神聖莊重的典禮上，才會使用自己的真名。

真名既然對一個人如此重要，當然不能隨便洩漏，因為真名可以被壞心的人利用來作巫術的詛咒，也可能無意間被遊蕩的惡靈拿來加害真名的所有者。為了避免被加害，很多民族不稱呼人的姓名，而是用一些替代方式。比如叫「某某人的爸爸」、「某某人的媽媽」，或者改變名字的音節來讀。假如有人叫作「牧羊人」，旁人就不能講出「羊」這個字，而是要把羊說成是「那哀鳴的小東西」。

活人的名字都需要避諱，亡者的名字也會成為禁忌。一旦有人叫出亡者的真名，就有可能把他的亡魂呼喚回來，所以人們往往絕口不提，甚至連還活著的人都有可能需要改換稱呼。因為假如平常講出彼此的真名，不小心讓亡靈聽到，可能也會把應該遠離人世的亡靈吸引回來，造成鬼魅作祟害人。

再進一步，就是國王和神聖的神名了。尤其是神的真名及其神力不可分割的連在一起。在古老的埃及神話中，伊希斯用詭計騙取了太陽神說出祂的真名：「我創造了天地和海洋，伸展了天地之間的水平線如拉開帷幕一般。我就是那位睜開眼睛天地就有光明、閉上眼睛世上就有黑暗的人。在我的命令下，尼羅河水起落漲跌。諸神都不知我的大名，我的名字早晨叫克赫普拉，中午叫拉，晚上叫吞姆。」

接著，伊希斯又騙太陽神同意在祂體內搜索，把祂胸中永恆之舟的位置空了出來。伊希斯於是知道拉的真名，獲得了太陽神的神力，成為諸神之后。

不僅是神話中的神會爭奪真名，人間的巫師也會想用同樣的方法竊取天地造化的神聖奧秘，以便從諸神手上得到偉大的啟示，或者用這份力量操縱鬼神，進而掌控人類的世界。

《女青鬼律》在運用真名的思路上，和這些不同民族的信仰很類似。女青是用天律執行賞罰的神意代行者，天師道的道士則是掌握魑魅魍魎萬鬼真名的神職人員。當人間出現不吉的詭異凶兆時，道士就會翻開《女青鬼律》，在書上查找到作怪的鬼神真名，對祂們呼喊出來。

這部道經上寫著：「千年之木成人，百歲之石為僮女，百獸之形皆有鬼形。子知其名，鬼復真形。」只要時間足夠長，萬物都有可以在天地精氣的孕育之下擁有自我的意識，化為精怪。木、石可以成人，百獸可以成鬼，這些妖鬼一旦作怪起來，平凡人怎麼可能抵擋得了？因此《女青鬼律》隆重的給出道教的承諾：只要你修習大道，無論你的修為高低，當你按照書上記載呼喊出萬鬼的真名，就能控制他們，驅邪趕鬼，無往不利。

在此之後，《三皇內文》、《五嶽真形圖》、《道要靈祇神鬼品經》等道經都著錄了鬼怪的分類和名號，強調通達鬼名。相較之下，《女青鬼律》還屬於早期比較零散、缺乏系統性的作品。鬼怪的分類發展的越來越複雜，例如五斗三台鬼、五方兇神鬼、五方直符鬼、六十日直煞逆鬼、泰山鬼帝，還有很多亡兵敗將、會殃殺生人的厲鬼煞鬼、歷史人物死後所變之鬼……他們的名字牽涉到的概念越來越多。比《女青鬼律》更晚期的道經又進一步建立龐大的天曹官僚系統，透過政府諭令來禁制鬼怪。

不僅鬼怪有真名，已經修練飛升的神仙其實也有。葛洪《抱朴子》運用古代透視鏡的傳說，完成了一種人人都可以修練的道術，讓修道人有機會見到神仙的真容。據《抱朴子》記載，只要你家中準備一面九吋大小以上的明鏡，先對著自己照，心裡同時想著神仙的名號並想像祂們的模樣。七天七夜之後，你會突然發現鏡子裡除了自己的影像之外，又多出了一張別人的臉。不要被嚇到了，這是修道人願望應驗的徵兆，透過鏡面現身的人都是神仙。他們有時一個人出現，有時好幾個人同時出現，有男有女，有老有少。假如你忘記祂們的真名，在祂們出現的時候反而被嚇到，那不但修道不成，還有可能走火入魔，反受其害。

想要增加修練成效的人，可以使用更多面鏡子同時對照。用兩面鏡子對照叫做「日月鏡」，用上四面鏡子叫做「四規鏡」。要用更多鏡子也可以。這樣做最主要的效果，跟鬼屋中的鏡屋，或者萬花筒裡面的多重鏡面類似，是用來創造出對立鏡中的無限多重倒影。一旦修練成功，鏡中化現的神仙等於在鏡中世界產生無限分身，修道人可以同時被千千萬萬名神仙圍繞加護，讓成效增幅千倍萬倍。

據說曾經有人修練成功，在鏡中看到太上老君降臨。老君的真形身長九尺，黃色皮膚，嘴巴像鳥喙，鼻骨高聳，眉毛長五吋，耳朵長七吋，額頭上有三條皺紋，腳下透顯八卦。太上老君降臨不是一個人出現，而是祂所居住的整座城樓和隨從侍者一齊出現。祂的衣服是五色雲氣，四周圍繞著青龍、白虎、朱雀、玄武四聖獸，前方有十二頭《山海經》中的傳說怪物「窮奇」引路，後方則是另一種神獸「辟邪」作後衛。太上老君的身邊還閃耀著電光，不時發出耀眼的電芒。

能夠看到太上老君的人極其稀少，見到過的人無不是修道有成的大能力者，這些人豈止是長生不死，各種神通廣大在重重無盡的宇宙界域間自在遨遊也不在話下。因此，這就在道教引導出一個很重要的課題來：要怎麼樣才能正確運用真名和真形的力量來修道呢？這是需要特定法門的。

天降符圖

《女青鬼律》展示了用鬼神真名來掌握其真形的方法，但是這不是唯一的一種技巧。其實只要稍微轉換一下思路，就會發現從遠古以來，人類就發明了另外一種間接掌握事物真形的技術，幾乎每一個人現在每天都在應用，也就是文字符號。

更正確的來講，人類在發明文字之前，早就已經開始使用一些具象的圖騰來代表自己部落的神聖根源，或者是用一些抽象的符號來標記位置、數量。在上古人類的心智中，這些符號就是大自然界奧秘的投射。想想看，自然世界不是也經常會顯現出奇異的徵象嗎？比方說一道閃電從空中劈下來，在山脈的巨石上燒灼出傳達天意的詭秘紋路；彗星拖曳著長長的尾巴，在空虛無垠的天上畫出條狀的軌跡，代表某種恐怖的災異即將降臨；一株古木的樹身盤旋曲折，竟然長出一張像〈吶喊〉哭號的人臉，表示大劫將近，整個人間將要陷入苦痛的深淵。

傳說帝王接受天命之際，黃河河水會從中分開，一匹龍馬緩緩從河水中現身，身上背負著象徵天命所在的《河圖》。另一邊的洛水也會有玄龜自河水中浮出，龜殼上的紋路就是所謂的《洛書》。這些神獸身上的旋毛鱗甲，都是解讀自然奧秘的重要媒介。還有商朝的甲骨文，是藉著在龜甲上鑽洞之後，用火焰燒灼出不規則的裂紋，再請巫師從龜裂的紋絡中解讀出神意。

換句話說，在人類為文字系統作出精確的定義之前，這些沒有規律可循的自然徵兆和非人力造成的抽象符號，都是上天意志的展現。如果說有什麼符號能讓人們更靠近事物的本質、間接的掌握真形，那就非這些符圖莫屬了。

張彥遠的《歷代名畫記》記載著文字誕生的神話，書中說黃帝受命成為天子時，龍馬獻圖、玄龜獻書，而黃帝的史官倉頡就參考這些上天降下的祥瑞，創造出人類社會的第一批文字。這批文字的現世，象徵著大自然再也無法對人類隱藏造化的奧秘，原本無形無象的鬼神也永遠沒辦法再隱遁其真形，所以千千萬萬的鬼神精怪都在當晚對天哭號，無聲的吶喊震動了整個宇宙。

當道教成立之後，道士的一項重要職責便是管理這批能驅使鬼神真形的符咒。《洞神八帝元變經》說：「符者，蓋是天仙召役之神文，學者靈章之祕寶。」道士可以依靠符咒召喚天仙，驅使鬼神，所到之處無不靈驗，所以絕對不能輕易洩漏。無形世界的一切就這樣被化為有形的符圖，仙人和鬼神的位階上下，能力高低，在符圖的面前無所遁形。

符圖的形體跟一般的文字也有不同，往往是用雲氣流動的線條畫成。當人們在空中書寫這些符圖，有時甚至會看到符圖上升到虛空之中，大放金光照耀大地。這都是因為符圖本源自無形的大道，它只是把事物的本質暫時用某個具體的形象表達出來罷了。

三皇文的妙用

早期道教符圖的重要傳統，來自於葛洪家族所傳的三皇文和五嶽真形圖。根據《抱朴子》〈遐覽篇〉的說法，如果不是名列仙班的高人，就沒有資格獲得三皇文和五嶽真形圖。每四十年，仙人才會挑選合適的弟子，與之歃血為盟，隆重的將符圖傳授給他。所以能夠得到符圖的人少之又少。

如果沒有仙人主動傳授，修道人又想得到符圖的話，還有一種辦法，就是攀登五嶽名山，尋找山上的洞天宮府。因為這些符圖經常收藏在洞天中的石函中，所以凡是有道高人在山上虔心存思，冥冥之中都能與山神發生共鳴感應，由山神派遣山靈引路，讓人找到符圖所在之處。

三皇文的功效非常神妙，它甚至不用打開，只要收藏在家裡的箱子，很自然家門外就有一道神聖的結界隔絕所有妖魔鬼怪、瘟疫瘴氣。懷孕的女性如果難產，把三皇文拿到她身邊打開，胎兒就能順利產下。病重垂死的人如果身邊有三皇文，無論多麼沉重的絕症都能逐漸痊癒。長期持有三皇文的人能夠長生不老。道士攜帶三皇文上山，可以自動驅除虎豹猛獸、蛇蠍百毒，驅離水中蛟龍，鎮壓風雨。

三皇文還有一種測定吉凶的功能。比如家裡需要蓋新房子，或是選擇墳地埋葬死者，可以把三皇

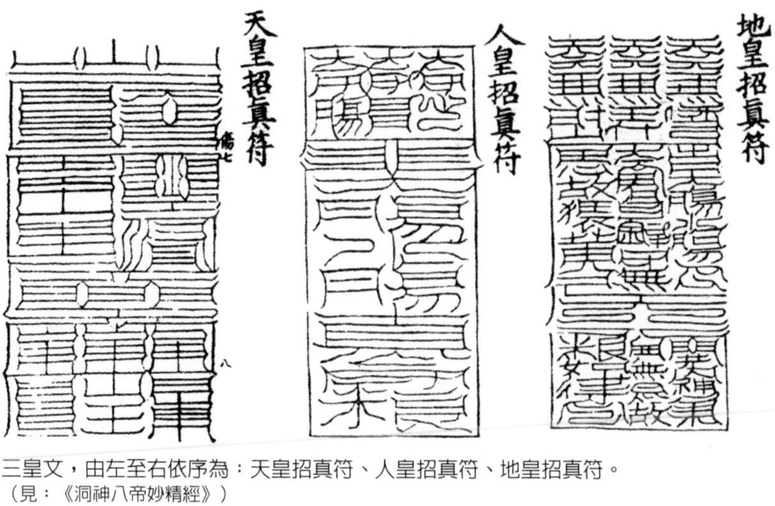

天皇招真符　人皇招真符　地皇招真符

三皇文，由左至右依序為：天皇招真符、人皇招真符、地皇招真符。
（見：《洞神八帝妙精經》）

文中的〈地皇文〉抄寫在紙上，抄數十通放在選定的土地上，用布蓋住。第二天再去看，只要有抄寫〈地皇文〉的紙張變成黃色，那塊土地必定是風水寶地。在上面不管興建陰宅、陽宅，後代子孫都能世代富裕昌盛。

還有一個特別的用法是，別人家舉行葬禮的時候，偷偷在一張紙上抄寫〈人皇文〉和自己的姓名生辰，趁人不注意塞進墓穴裡，不要讓任何人知道。這樣做可以阻擋盜賊入侵，轉移天災人禍，假如有人在背後想陰謀害你，這道埋在別人墓裡的〈人皇文〉還能幫你彈回傷害，自動反殺。

想要更進一步把三皇文真正的功能發揮到極限的話，就要進入神靈召喚的範疇了。《抱朴子》的〈雜應篇〉記載，有一些掌握三皇文的道士，懂得用這份天文符圖召喚五嶽山神、地方社稷的土地神。神靈回應你的呼召前來之後，可以向祂們詢問各種問題，祂們都會如實回答。這就很像是《西遊記》裡面，孫悟空每到一個地方要找妖怪抓走的唐僧，都會先叫出城隍、土地，問清楚在這塊土地肆虐作怪的妖精底細。

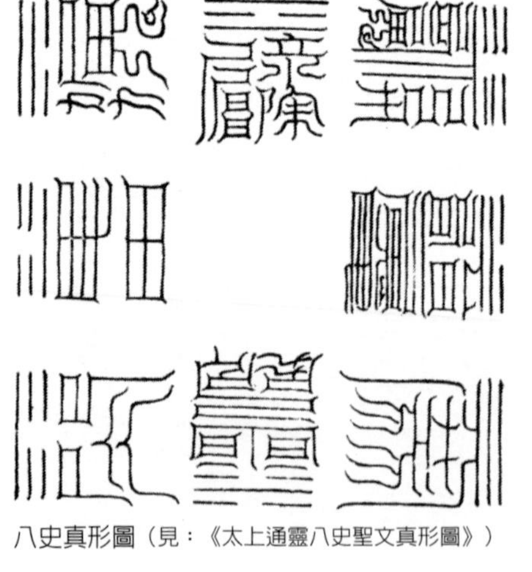

八史真形圖（見：《太上通靈八史聖文真形圖》）

三皇文同樣可以召喚六丁六甲之神。如果需要長時間在旁輔佐的神靈，可以先召喚出六陰玉女，經過六十天左右的合作之後，可以讓她們變成常備的工作人員。希望預卜吉凶的話，可以叫出八史之神，也就是《易經》八卦之精的具象化神靈，祂們掌握了預知未來的能力，可以提前扭轉即將發生的事件。最厲害的是，三皇文連死神都可以呼召，查明生靈的善惡好壞、壽命大限，回天改命。

半人半獸的中三皇和後三皇

三皇文是保存遠古神話傳統的一種圖像，經過道教的整編和改造之後，轉化為具有驅役鬼神力量的符圖來使用。因為年代久遠，所以三皇的形象和一般人的想像差異很大。祂們不見得都有人類的形貌，反而更接近《山海經》神話世界中人獸合體的精靈。因為是人類和獸形的合體，所以三皇的樣貌在威嚴中夾雜著令人恐怖的感覺，是一般凡人絕對不想輕易靠近的兇惡神祇。

根據《洞神八帝妙精經》的記載，三皇是天皇、地皇和人皇，另外三皇又可以根據時間的先後分為初、中、後三代。加乘下來，三皇其實有九種形象。初代三皇是雍容華貴的帝王形象，他們分別穿著青色、白色、黃色的袍服，頭戴九天、三晨和七色寶冠，手執飛仙玉策、元皇定錄策和上皇保命策。

中三皇的形象就很恐怖了。中天皇人面蛇身，一共長有十三顆頭，現身在青雲中，率領將兵一萬萬九千人，主治雲中百二十魑鬼，千二百遊行鬼賊、萬二千陰邪之魁。

中地皇人面蛇身，長著十一顆頭，率領五嶽嶽兵一萬萬九千人，主治八荒四極、三河四海、山川溪谷之龍蛇、龜鼉、黿鼉等水族精怪。

中人皇人面龍身，只有長出九顆頭，在中三皇中數量最少。祂率領天、地、水三官兵將一萬萬九千人，主治一切七世父母、三曾五祖、三鬼五神、內外男女、傷死客亡、墮水產乳、惡禽猛獸、木石所殺、刑嶽刀兵之鬼。換句話說，一切非正常死亡，客死異鄉，冤屈兇悍的厲鬼，都是中人皇的管轄範圍。

最後的後三皇是神話時代的神人，後天皇和後地皇一組，祂們的真實身分就是人面蛇身的伏羲和女媧。後人皇是牛頭人，在人間稱為炎帝神農氏。

三皇文裡面保存的很多遠古神話的痕跡，在道教正式成立之後，也被吸收和重新整頓，最後收到三洞四輔經書體系中的「洞神部」中，成為唐代以前道士常用的經書之一。三皇文到底怎麼從遠古傳到魏晉南北朝的？這個問題現在已經很難回答。我們只能從葛家的道術傳承系譜中找到一絲端倪。根據《雲笈七籤》的「三洞經教部」所言，洞神部的經典最早由太上老君傳給西靈真人。後來遠古時代的黃帝東巡青丘，在風山拜見紫府真人，受傳《三皇內文》，這是最早的神話傳承。

接下來是葛洪的岳父鮑靚在晉惠帝永康年間（公元三〇〇－三〇一年），進入嵩山石室，在石壁上發現《三皇天文》刻文。此外，鮑靚還曾經拜三國時期的仙

三皇的九種形象：

後天皇	中天皇	初天皇
後人皇	中人皇	初人皇
後地皇	中地皇	初地皇

（見：《洞神八帝妙精經》）

人左慈為師，學得三皇五嶽劾召之術。因此鮑靚把女兒嫁給葛洪之後，才將三皇文傳授給他。

葛洪在另外一部著作《元始上真眾仙記・枕中書》記載，三皇神話可以追溯到創世之初，元始君與太元母結合之後，生出初天皇，由初天皇統治宇宙三萬六千年。此後初天皇生出初地皇，初地皇生出初人皇，各自治世三萬六千年。三皇天文就是這個時候由初三皇所傳。

讀者可能會覺得奇怪，為什麼《雲笈七籤》說三皇文最早是由太上老君所傳，但葛洪《枕中書》這個版本的三皇神話，卻是由初三皇所傳呢？這兩個版本的差異代表什麼？關於這一點，其實可以從三洞四輔的結構來談。因為道經的體系都是先有經書，再作分類整理。所以被歸類為洞神部的經典，是以劾召鬼神為主要功能的經典。很多道經的作者因為是託名的緣故，早就不可考了。因此，所有傳說是太上老君所流傳，或者後人託名太上老君所寫的經書，都會一視同仁的收進洞神部裡。這就造成洞神部裡的經典來源比較混雜。三皇文其中一項重要功能是劾召鬼神，所以被收入洞神部裡，這樣一來才使得洞神部的解說和葛洪家內部的傳承發生不一致的矛盾。

無論如何，三皇文保存著遠古時期傳承下來的符圖。三皇文可以讓無形的鬼神顯現真形，道人得以藉此召喚祂們前來問事，或者交付天界的差使請託祂們執行。這就是葛洪家傳的第一種靈圖。

五嶽真形圖

葛家傳承的第二種靈圖，是在整個道教歷史上大名鼎鼎的「五嶽真形圖」。顧名思義，五嶽真形圖的功能是把山嶽的真形描繪出來，藉此掌握山川地理及其神靈的符圖。它跟三皇文一樣，源自非常古老的傳統。這一套圖有很多種傳抄本，包含比較接近真實山水的具象地勢圖，也有符咒化的抽象神聖符號。後代的藝術家經常受到五嶽真形圖的啟發，拿來當作繪畫的創作靈感。

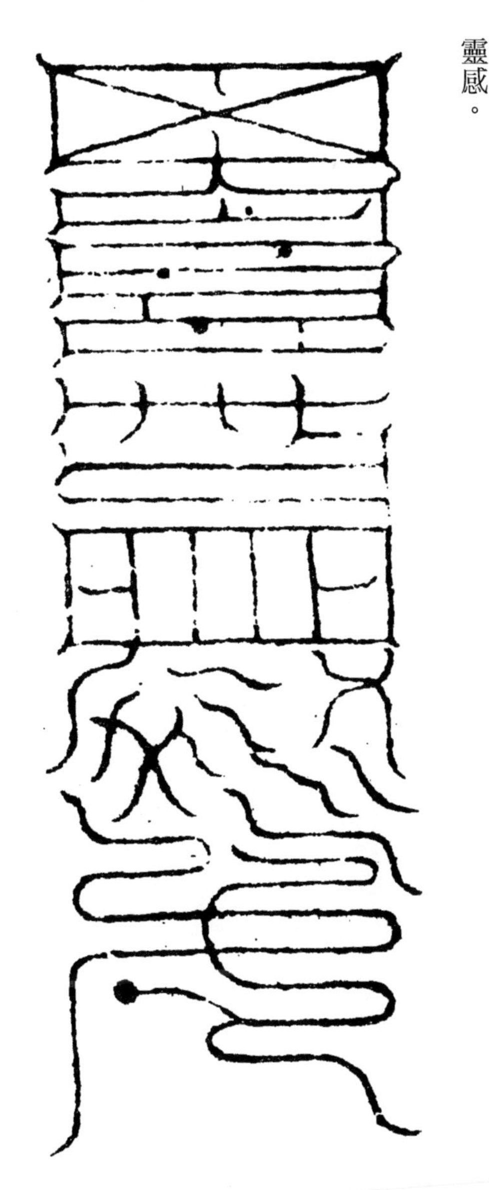

五嶽山真形文
（圖片來源：《洞玄靈寶五嶽古本真形圖》）

葛洪手上的五嶽真形圖，是他的師父鄭隱傳給他的。鄭隱在傳受徒弟之前，曾經很嚴肅的把這套符圖的來源和功能講給葛洪聽，並且叮囑他千萬要遵守禁忌，尤其不可以妄傳非人。根據《五嶽真形圖序論》的記載，鄭隱手上的真形圖是從一位青牛先生身上學得的。

青牛先生這個名號很容易讓人聯想到老子。老子最出名的形象之一，就是他騎著青牛，慢悠悠的西出函谷關，過程中把他的大道傳給了守關的官員關尹子。不過，鄭隱提到的青牛先生不是老子，而是仙人封君達。

封君達是隴西人，在他還沒成仙以前，傳遍家鄉最知名的事跡，就是他連續吃了五十幾年的黃連。這種不怕吃苦的精神，讓他老鄉的人都看傻了。後來他的修練繼續升級，跑到鳥鼠山上練水銀，一練就是上百年的時間。顯然他已經長生不老，現在準備邁向羽化飛升的境界。誰也不知道他練水銀練出了什麼東西，只知道忽然有一天他就騎著青牛下山回了老家，一張臉不知道施了什麼魔法，已經恢復三十歲左右壯年的神采。因為他在山上待了太久，人間滄海桑田，當年熟識的人都已經凋零。他雖然經常給病人一些藥，治好很多人的痼疾，但是從來不講藥的名字。所以大家連怎麼稱呼他都不知道。看到他常常騎著青牛，就把他叫成了青牛先生。

鄭隱沒有告訴葛洪，當年他是怎麼拜封君達為師的。他只是轉述封君達教他的內容，告訴葛洪只要在家供奉五嶽真形圖，五嶽就會各自派遣一名山神前來護衛靈圖。自己家裡附近的山神、水神、土地神，也會派看不見的兵將保護家宅。任何人心懷不軌，都會先遭到神靈的反殺。但是，因為家裡內外到處都是神明，所以住在裡面的人不可以亂講話，如果膽敢做壞事，輕則得罪神明，重則被奏報天庭，要受天律的重罰。持有五嶽真形圖的家中，除了應該設立靜室供奉符圖，每年都需要挑一個恰當的時間齋戒，隆重地祭拜真形圖。這樣才能維持它的最大輸出。

另一種解讀：古代的俯視地形圖

從葛洪的敘述可以看出來，五嶽真形圖在道教內部傳承中帶有很深的修仙和宗教色彩。但是五嶽真形圖在被宗教化、符圖化之前，很可能是一種根據山川地理形勢繪製的地圖。就連《五嶽真形圖序論》本身都曾解釋，真形圖是觀察山脈的盤旋、河流的曲折，發現這些周旋委蛇的地理形勢跟文字符號的線條非常接近，所以具有類似符字的功能，這才被上古大神記錄下來，珍藏在玄臺寶庫之內。用不帶宗教色彩的話來說明，就是一種從空中向下鳥瞰地理形勢的地圖。

這並不是空口無憑的猜想而已。一九七三年馬王堆漢墓曾經挖掘出三幅古地圖，地圖用閉合的山形線來描繪山脈座落的形勢，非常類似我們都很熟悉的等高線圖。而且這三幅地圖的精確度很高，方位角度的誤差可以在三度以內，表現先秦時期地圖的測繪工具和技術已經達到很高的水準。三幅地圖中的九嶷山圖，還用九個柱狀符號來表現七座主要山峰的高低差，魚鱗狀一層又一層的線條，和現代的等高線一樣能表達出山勢何處陡峭、何處舒緩。圖中還有跟漫畫對話框一樣的圓圈，裡面註記著名勝古蹟的名字。至於黑色細長的線條，能夠讓讀者很直觀地理解當地河川水文的流向。

從這些地形圖的比較，我們可以很輕易的辨識出，道教的山岳真形圖如何借鏡古代地圖繪製方法。一九一〇年日本學者小川琢治最早發現兩者的關聯，

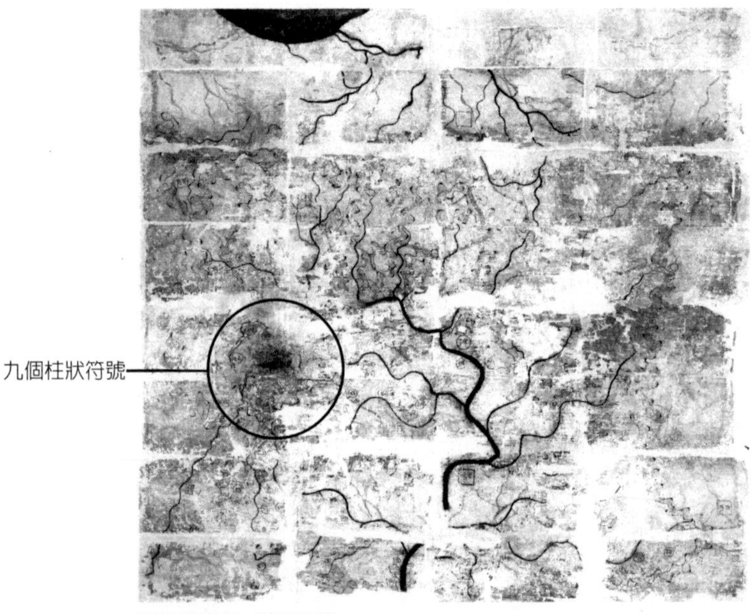

馬王堆漢墓《地形圖》
（圖片來源：《長沙馬王堆漢墓簡帛集成》）

接下來一九二六年井上以智、一九三八年中國地圖史學家王庸、一九五九年科技史家李約瑟都發表過文章肯定這樣的看法。在真實歷史中的五嶽真形圖當然不可能是憑空出現的，它是道教吸收古代地圖繪製技術的結晶，再用符圖能掌握萬象真形的宗教概念加以改造，將其應用在保護人身和家宅平安、具有輔助修道作用的神妙靈圖。

有了這樣的觀念之後，再回頭來看五嶽真形圖，就可以解開圖上大部分的秘密了。五嶽真形圖的讀法跟地圖一樣，全塗成黑色的部分是山嶽區域，白色的小點表示山峰所在的位置，大

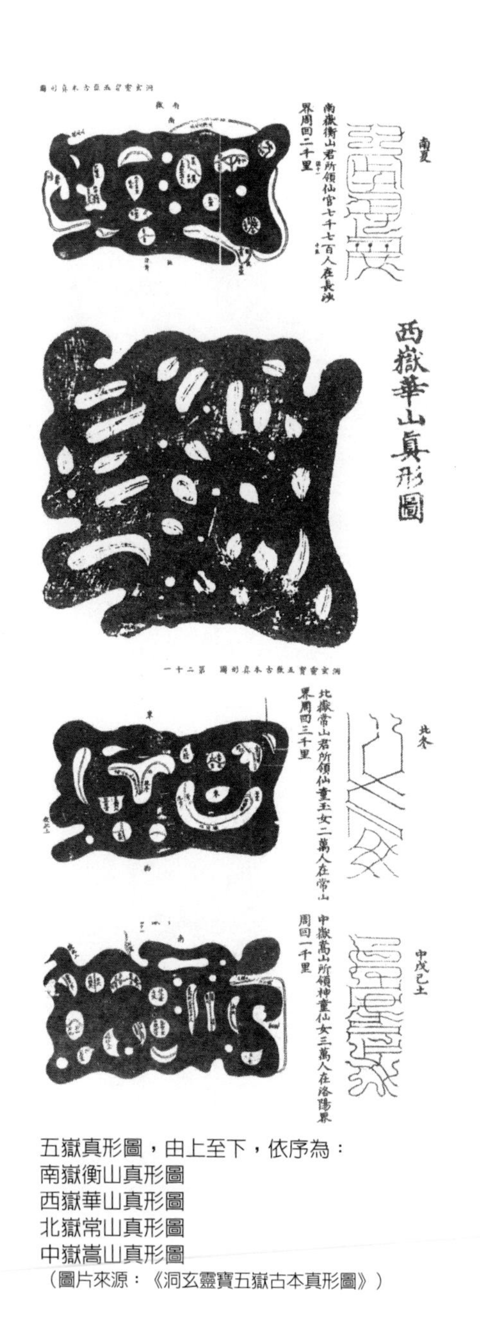

五嶽真形圖，由上至下，依序為：
南嶽衡山真形圖
西嶽華山真形圖
北嶽常山真形圖
中嶽嵩山真形圖
（圖片來源：《洞玄靈寶五嶽古本真形圖》）

上下兩圖皆為「東嶽泰山真形圖」
（圖片來源：《洞玄靈寶五嶽古本真形圖》）

型而不規則的白色圓圈是山上各種洞穴的入口，四周輪廓曲線表示山岳、河流的真實地貌，最後再加上文字說明古蹟、仙草、名產的所在地。

如果大家仔細看，長方形的東嶽形勢圖繪製的是真實的泰山地貌，只要把長方形的圖壓縮成較小的正方形方塊，並且把原圖上的文字解說去除掉，就變成較為抽象的符圖形式的真形圖。這時候在右邊寫上一個天書篆文的符字，整符圖立刻就散發出一股濃厚的神秘感，很容易渲染出道教法門的神聖氛圍。

附帶一提的是，五嶽真形圖的五嶽是東嶽泰山、南嶽衡山、中嶽嵩山、西嶽華山、北嶽常山。在五行說流行的時代，這五個方

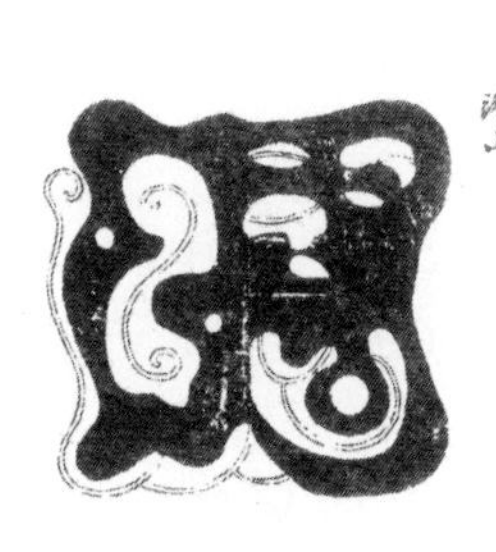

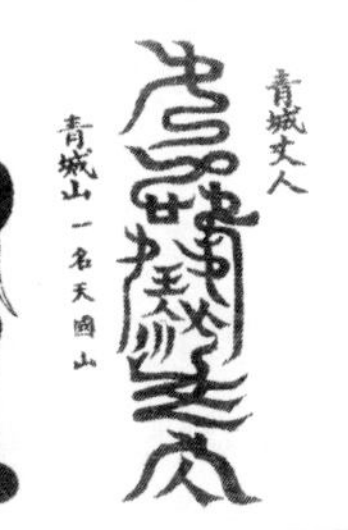

南嶽衡山四座佐命之山的真形圖：霍山、潛山、青城山、盧山。
（圖片來源：《洞玄靈寶五嶽古本真形圖》）

位的山嶽又各自對應東南西北、春夏秋冬，唯獨中嶽嵩山坐鎮中央，以干支的戊己表示，不對應方位和季節。另外，五嶽又各自擁有代表自己的五嶽山神和手下的仙童玉女。

在古本五嶽真形圖的傳統中，五嶽神話被上溯到黃帝與蚩尤的大戰，講述黃帝在涿鹿之戰擊敗蚩尤之後，領土向東拓展到泰山、西邊至崆峒山，南方來到熊湘、北方來到釜山。這四嶽的名稱歸屬就和剛才講到的五嶽真形圖傳統截然不同。而且在古本五嶽真形圖的傳說中，黃帝認為四嶽旁都有一座比較小的「佐命之山」，唯獨南嶽沒有輔佐的小山，於是上奏三天太上道君，敕命霍山、潛山為儲君，然後又拜青城山為青城丈人，署名廬山為廬山使者。這是一種把人間政府組織階層應用到宗教地理觀念的做法。正因如

〔明〕高濂《遵生八箋》中的兩幅《五嶽真形圖》。
（圖片來源：明萬曆刻本《遵生八箋》）

此，五嶽真形圖中又有霍山、潛山、青城山和廬山四座佐命之山的真形圖。

不過，這些版本的五嶽真形圖在繪製上還是比較複雜的。假如山川真形可以具象化成真形圖，五嶽圖旁又都有搭配天書符字，難道真形圖不可以再次被轉化成更簡單的抽象符字嗎？在這種思路的影響下，五嶽真形圖於是又可以簡化成五個更抽象的符號。這樣一來，不但在繪製真形圖的時候更為方便，如果要在身上配戴這個種類的護符，也就更簡單了。

無形大道的幻化：人鳥山真形圖

在三皇文和五嶽真形圖之外，道教的山岳真形圖還有兩種後出的傳統，分別是「人鳥山真形圖」和「酆都真形圖」。說是後出，就表示它們跟前面的符圖不一樣，不繼承遠古以前留下來的神話傳統，而是魏晉南北朝時期道教所新創的符圖。

人鳥山真形圖在圖像的構造上，與真實世界的地圖繪製法脫鉤，轉而擁抱的是道教的神學思想和對仙境的想像。我們可以先看兩幅人鳥山真形圖，第一張圖收藏在《正統道藏》洞玄部靈圖類，這個版本稱為「玄覽人鳥山經圖」。第二張圖收藏在《雲笈七籤》符圖部二的「元覽人鳥山形圖」。

大部分人只要曾經看過五嶽真形圖，都能立刻發現人鳥真形圖的畫法是直接繼承它而來的。正方形的圖像中間有一大片黑色的色塊，原本是用來表現山脈的走勢。黑色色塊中間有不規則的白色條紋，原本是用來標記洞天石穴入口、河川水道流向的。不過，第一張圖在色塊之外再加上了兩圈文字。這兩圈文字可不是裝飾用的紋路，它可以說取代了原先用來標誌名勝特產的說明性文字，轉而用來記載人鳥山的神話宇宙。

最外圈的文字對人鳥山的描述是：「不天不地，不浮不沉，絕險綿邈，崔嵬崎嶇，元炁烟熅，神真是遊」。這可不是一般凡俗世界的山呀！人鳥山不在天上，不在地下，不浮在空中，不沉入水底，這根本就不是真實世界的

玄覽人鳥山經圖（見《正統道藏》洞玄部・靈圖類）

地理位置，而是太初創世之際才能在一團渾沌元炁中存在的神仙化境。

果然，人鳥山不是人類能攀爬的神山，只有已經羽化飛升的仙人才能來到這座仙山遨遊。人鳥山上的景物也是只能憑藉著想像力去揣摩的奇妙幻境，山上的河流流淌的是玉液，由玄芝和絳樹長成的樹林，樹上的果實全部都是璀璨的珍珠。

位於內圈的文字則記載著，人鳥山上到處都是紫色的雲氣，山上的草木永遠不會枯萎死亡。山上的巨石裂開，從中誕生出各種神獸。只有太上真人在山上遨遊，背後一圈金色的無量圓光遍照四方，身上的真炁緊緊纏繞著閃耀的電光。

根據《玄覽人鳥山經圖》記載的神話，人鳥山原本就不是凡間的土石構成的山岳。它的本質就是無形的元炁，所以它的每個部分都最接近太初大道的本來面目。人鳥山是元始天王居住的地方，山下是已經成道的仙人停駐之處。相傳當年西王母學道的時候，來到人鳥山謁見元始天王，道成圓滿之際，與元始天王共同在人鳥山上的虛空之中寫下了神聖的符文，每個字都有一丈多長見方，就這麼永恆地漂在太虛之中，給所有想要學道的人一個修行門路。

換句話說，魏晉南北朝道教之所以創造出人鳥山真形圖，它的創作目的和功能都跟葛洪利用五嶽真形圖來辟邪和修行是一樣的。只不過，人鳥山拋棄了古老的圖像傳統，更深度的跟道教的神學和宇宙觀結合。可以說人鳥山其實就是大道的象徵，並且把大道等同於元炁，或者是神格化的元始天王。

另外，比較少人察覺的是，人鳥山真形圖其實就是一座道教道壇的擬態。它的三層結構跟先秦祭祀神明的方法中「為壇三成」的記載是相符的。道教的道壇往往分為內壇、中壇、外壇，就是這項傳統的延續。三層的結構又可以分別代表天、地、人三才，印證了外圈圖說中記載的「人鳥山之形質，是天、地、人之生根」。最後，如果拿《靈寶齋經》佈置齋壇的方法作對照的話，法壇要開天皇門、地皇門、人皇門三門，人皇門位在東北寅方，是齋者出入法壇的門戶。而人鳥山真形圖的外圈文字，剛好也是從東北方起首開始書寫，恰好跟法壇的方位佈置互相呼應。只是大多數人沒有學道的經驗，不理解道教佈置法壇的規矩，所以可能無法察覺人鳥山真形圖和它的相似之處吧。

第二張「元覽人鳥山形圖」畫法和第一張圖稍微有些差異。圖中黑色的色塊變小了，打個比方來說，更像是一

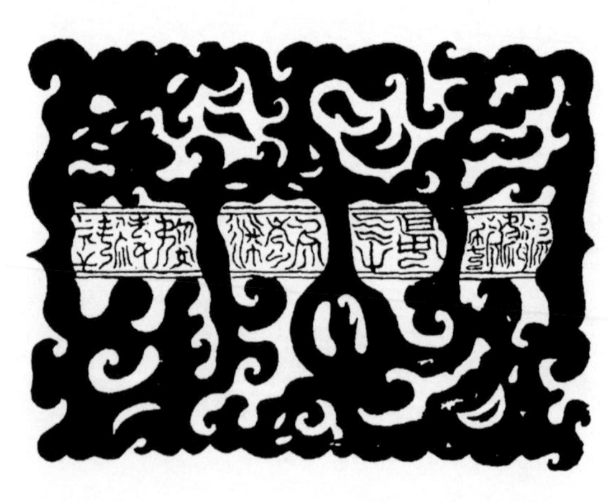

元覽人鳥山形圖
（見《雲笈七籤》符圖部二）

團黑色的火焰熊熊焚燒，還同時冒出白色蒸氣的樣子。在圖形的中央有一列橫書的篆字，內容是「山內自然之字」。因為人鳥山是對大道的擬態，象徵著無形的元炁，所以元始天王和西王母在山上虛空中畫出的符文，也是大道自然之妙的一種具象體現。所以說，這一行「山內自然之字」，就是扼要的把第一張圖上兩圈文字濃縮，用來表現大道真形。

宋朝才畫出來的酆都山真形圖

兩種人鳥山真形圖都是晚出的符圖，至於酆都山真形圖更是直接從魏晉往下穿越五百年，到宋朝才出現。它是北宋晚期吸收了早期各種版本的山岳真形圖傳統，再加以改造而成的圖像。

根據專門研究酆都山真形圖的學者張勛燎統計，酆都山真形圖一共有八種圖像，分別收藏在《正統道藏》中的七部書裡。南宋淳熙六年（公元一一七九年）江西高安的許永墓裡，還曾經挖掘出一幅「酆都山拔苦超生鎮鬼真形」石刻。精明的讀者應該已經聯想到，既然酆都是道教的冥界所在地，那麼酆都山真形圖的功用，應該就和石刻標題一樣，是用來「拔苦超生鎮鬼」的吧？從收藏酆都山真形圖的道經多半與靈寶大法有關來看，確實在宋朝吹起這一股新造酆都山真形圖的風潮，就是靈寶大法用來煉度亡魂的一種法具。

酆都山真形圖上標記著很多宮殿、洞穴名稱，看似又重新恢復了五嶽真形圖的地圖傳統。不過，陰間亡魂的歸宿酆都怎麼可能是人間世界的反映呢？酆都山真形圖上標記的地名，不是山峰、河流、芝草、石穴名稱和道路長短，而是一個又一個陰曹地府的官署名稱。比如上元六洞、中元曹司、下元六宮，鬼帝金闕、幽關、司命宮等等，相當於一幅引導亡靈接受審判，預備好轉世投胎的路線指引圖。

酆都山如何變成道教陰間的代名詞，第七章會為大家講解。這裡要說的是，酆都山真形圖和其他真形圖有一項很不同的特徵，就是它必須放在靈寶大法的科儀中使用。

道教的煉度科儀有兩重意義，即「死魂受煉，生身受度」。宋代高功道士在施行煉度儀的時候，需要透過

酆都山真形圖
（左圖見《太上元始天尊說北帝伏魔神咒妙經》，右圖見《靈寶玉鑒》卷30）

存想，把自己身體內的世界轉化為包括地獄在內的一個微型宇宙。道士準備好拔度亡魂時，體內運起內丹的功夫，存想著自己在體內的世界下降到地獄裡，幫助因犯罪而受罰的魂魄脫離苦海。因為天人結構是相應的，體內的小宇宙對應外界的大宇宙，所以在體內完成拔度的工作，等於在真正的冥界也度化了受苦的亡魂。

以煉度儀中最關鍵的水火煉度為例，雖然煉度壇前經常會準備好水池和火池，但是在場的觀眾無法實際看到亡魂受到水火洗煉的景象。其實，死者的屍骸並不需要在現世中經歷水沉和火燒，煉度的過程只會發生在道士的存想裡，道士體內小宇宙中的水火真炁交融洗滌，已經象徵性的作用在陰間沉淪的亡魂身上，讓他們接受神火和神水的洗禮而能拔度超昇。煉度儀中常用的燈具，相當於在終世不變的黑暗中，以神聖的力量為地獄帶來光明，燃燈所帶來的火光具有照徹幽暗的功效，幫助行法的道士破獄度人。

因此當道士施行煉度儀的時候，看著擺放在道場裡的酆都山真形圖以及上面的宮殿名稱，就能透過存想，破開地獄，把光明帶進陰間，幫助苦痛的靈魂們超拔出來。

這幾種真形圖都是依據不同時代的需要，而被創作出來的宗教法器。它們或許繼承了一部份的古代傳統，或許自己發揮創造力修改了符圖的原型，總歸都是道教修煉中，試圖穿透現實世界的虛假表象，進而掌握事物真形的一種嘗試。

CHAPTER 6

從屍體防腐到古代長生術
——看道教怎麼把巫醫的方技改造成修仙秘法

我是皇帝，死活都任性

漢武帝凝視著眼前的老者，心裡有點拿不定主意。貴為九五之尊的他，已經看過太多人。絕大多數人來到皇帝的面前，都是戰戰兢兢，順著他的話講，或者奉承他、讚美他，不敢有一點自己的脾氣。眼前這個老人平平常常的說話，好像對皇宮裡的陣仗一點都不在意，反倒讓漢武帝有些不知所措。

聽說這位老人已經活了好幾百年，沒有妻子、孩子，不做生意、不種田，人家都不曉得他怎麼活到現在。漢武帝剛聽到的時候完全不信，這種神話難道他聽得還少了嗎？沒有一次是真的！但是，這老人竟然認出他擺在房裡的銅器是齊桓公時候的骨董，這就有點門道了。他皇宮裡有太多朝代留下來的骨董，怎麼可能去查每一件骨董是什麼時候做的？所以連盤點皇宮財物的總管都不知道，還是派人把銅器上的銘文抄下來，送給博士官解讀，這才確定老人說得沒錯。

漢武帝畢竟見過不少大場面，他鎮定地問老人：「你叫什麼名字啊？」老人回答：「我叫李少君。」漢武帝再問：「聽說你活得很久，有什麼祕訣嗎？」李少君說：「我也沒什麼祕訣。當年我曾經出海遊歷，在海外意外遇到我的老師，仙人安期生。平常人是找不到他的。都是老師看誰跟他合得來，他自己決定要不要在你面前現身。老師給我吃一種棗子，大小跟西瓜一樣大；吃了一陣子之後，我的身體裡面竟然隱隱約約發出光來。然後老師才傳我口訣，讓我學會長生不死之術。」

漢武帝聽出興趣來，連忙問道：「這個長生不死術要怎麼樣做？」李少君說：「其實也不難。平常我要祭祀神明，祈求神明賜給我煉化物質的力量。等我蒐集到丹砂之後，就可以把丹砂煉成黃金。把煉出來的黃金拿去做食物的器皿，平常吃飯都用金器裝來吃，不知不覺就越活越久。也不知道哪一年開始，我就開了眼，能夠看到老師安期生住的蓬萊仙島。等我祭祀完神明之後，就長生不死了。」

這是司馬遷在《史記・孝武本紀》寫下的紀錄。在戰國時代一直到秦漢兩朝，各國的方術士四處遊說國君，宣稱擁有長生不老的藥方。有的人說不死藥在海上仙島，最有名的就是秦始皇時候帶了幾千童男童女出海，卻再也沒有回來的徐福。有的說仙藥的藥方需要蒐集昂貴的藥材、鑄造煉丹用的鼎爐，光靠方術士自己的資源實在不夠，因此請求國君提供經費和人力來煉丹藥。他們中間有任何人成功嗎？歷史記載上一個都沒有。

這些皇帝真的都那麼笨，真心相信方術士能夠煉出長生不老藥嗎？恐怕也不是完全信。秦始皇曾經懷疑徐福花好幾年都沒帶回仙藥，怕他背後搞鬼，還派人去偵查。大概皇帝們也是偷偷留了個心眼的。可是，以整個國家的財力來衡量的話，撥出一點預算給方術士，就好像買個樂透，不花你太多錢也不影響生活品質，即使很高機率不會中獎，可是一旦中大獎，那幾輩子都享用不盡。如果手頭有些閒錢，為什麼不投一點進去試試呢？

秦漢之際到各國遊歷的方術士，騙取財富捲款潛逃的人數很多，就連最有名的徐福，也帶著他的童男童女不知道在海外哪座島消失無蹤。李少君是否真的活了幾百年，這點就給大家自行判斷。可以確定的是，他建議漢武帝祠灶延壽的事情，直接導致武帝後來心癢癢的，一心一意追求不死之術。

李少君死後，漢武帝首先聽從一個叫做薄誘忌的術士說法，在長安城東郊蓋了一座祠廟，祭祀據稱是上天最高貴的神明泰一。接著，漢武帝寵幸的皇后王夫人夭死，武帝天天想念妻子，於是聽了一位齊國術士少翁的話，開始在皇宮裡通靈。可能漢武帝真的是個多情種子吧，他的誠意竟然感動神明，讓他半夜在皇宮的帷幕間，隱隱約約地看到王夫人回來。《史記》沒有記錄漢武帝怎麼跟王夫人的亡靈溝通，可能漢武帝和王夫人有些情人間的私密對話，沒人能在旁邊聽。這讓我們錯過一個了解古代皇帝通靈術的機會，實在是太可惜了。

王夫人的事件結束之後，漢武帝非常感動，不但封這位少翁作文成將軍，還聽他的建議蓋了一座甘泉宮，在宮殿裡的牆壁上畫滿各種天神、地祇、泰一神，在裡面住了一年多，每天都在拜拜祭神。可是，這次結局就沒有之前那麼好了，漢武帝躲在甘泉宮那麼久，別說神明降臨，連個鬼影都沒見到。漢武帝猜忌心大起，懷疑少翁騙他。少翁大概也怕皇帝究責，連忙在一頭牛肚子裡塞進一卷帛書，寫滿一些意思模模糊糊的讖語，再安排這頭牛「被意外」剖腹取出帛書。這漢武帝也不是傻的，看看這卷帛書，一下就覺得有些地方奇怪對不上，下令徹底清查之後，果然發現是偽造的文書，一氣之下就殺了少翁。

但是漢武帝對於長生和通靈沒有死心。他因為自己生病的緣故，派人祭祀神明，獲得神君的口諭，要漢武帝在甘泉宮跟他見面。漢武帝乖乖照辦。奇妙的事情發生了，這位神君有大禁、司命兩位輔相，三位神明經常出入甘泉宮。祂們出現的時候，只有一陣怪風吹過，把門簾吹得飛起，但是看不到形象，只聽得到聲音。祂們有時候白天來，有時候晚上來，飄忽不定，來無影去無蹤。神君說的話，漢武帝都會派人詳細地紀錄下來，並且把這個過程叫做「畫法」，其實這和現在都還很常見的扶鸞問事差不多。神君每次來講的話也沒有什麼奧秘，跟世俗一般的見解相差不遠，很多人都講得出來。不過漢武帝信得不得了，又喜歡把對話的事隱瞞起來，所以皇宮外的人多半不知道皇帝在搞什麼東西。

漢武帝之前雖然殺了少翁，但是一直遺憾沒有把他手上的方術秘密都挖出來。於是有人看準機會，向他推薦另一位少翁的同門師兄弟欒大。欒大人如其名，真的很敢講。一下就說他見過仙人安期生、羨門高，手上有的方子可以點石成金、煉出不死仙藥，通感神仙什麼的不在話下。漢武帝立刻敕命欒大為「五利將軍」，封爵為「樂通侯」，把公主嫁給他，附贈豪宅一棟、一千名僕人，又刻一個「天道將軍」玉印。欒大每天只負責祭神，雖然沒有感動天神下降，但是據說養了幾百隻鬼，而且能夠驅使這些鬼物活動，也堪稱是鬼秘之術了。欒大的成功案例一出來，所有方術士都繃不住了。通靈果真是筆好生意啊！一下子每個人都說自己有仙藥方術，到處祠神，遍地開花。

不過要說到漢武帝最盛大的一次長生術實驗，非封禪泰山莫屬。祭祀神明幾乎是所有方術士必然提到的標配。李少君要漢武帝祠灶，薄誘忌、少翁、欒大說要祭祀泰一神，還有前面沒提過的巫錦、公孫卿、李延年、司馬相如，各自有要祭祀的神靈。畢竟成仙是一種跟超自然力量打交道的事情，單靠自己的修煉就飛升上天，在漢朝還是一件很難想像的事。

封禪的「封」指祭天，「禪」指祭地。漢武帝那麼想封禪，除了彰顯自己統治天下的天子地位和炫耀權力之外，當然也是為了自己長生不老的美夢。傳說中黃帝統一天下之後，在首山開採銅礦，鑄造一尊寶鼎。這尊鼎是黃帝用來和神明交流的媒介，有神祕的力量。果然當黃帝在荊山鑄成寶鼎之後，天上雲霧洶湧，一頭閃耀華光的巨龍從天而降，垂下龍鬚迎接黃帝。黃帝抓起龍鬚，就像拉著垂降梯一樣，準備隨著神龍飛上天際。黃帝騎在龍背上，另外又有七十幾個臣子看機不可失，個個抓住龍鬚想一起上去。沒想到龍鬚沒想像中的牢靠，竟然斷掉了，很多人就這樣摔下來，眼巴巴望著黃帝乘龍而去。

漢武帝當然知道這項傳說，他在泰山封禪，就是要學著黃帝的套路，等一頭龍出來把他接上天啊！漢武帝元鼎元年（公元前一一五年），汾水南岸意外出土了一尊寶鼎。漢武帝心中一驚！天啊，這不就像黃帝神話裡面說的那樣，天子獲得寶鼎，神龍要下降來接我了嗎？可是，我應該到哪裡去祭神，等待飛升呢？很快他就想到，除了號稱天下至尊的泰山之外，沒有其他地點更神聖、更靠近天了。於是漢武帝迅速下令臣子制定封禪的禮儀。

歷史上除了秦始皇以外，沒有任何一個皇帝在泰山舉辦過封禪儀式。所以這個要求讓大家傷透了腦筋。儒家出身的大臣紛紛表示古書裡面不存在這套禮儀，做不出來。漢武帝看儒生只會掉書袋，一點用都沒有，就再一次信賴各國的方術士，讓他們來制定封禪典禮。元封元年（公元前一〇九年），漢武帝終於在泰山完成他的封禪大典。他親自到泰山祭拜天地，並且獻上各方奇珍異獸和稀有供品，據說舉行完祭祀當天半夜，供品所在之處的封祠照射出白光，到白晝還有騰雲從祠廟浮起。

看起來非常的莊嚴隆重，祭祀也很成功。不過就缺了最重要的一點：沒有神龍或神靈出來帶漢武帝昇天哪！漢武帝自從即位以來，到第一次封禪完成，已經當皇帝當了三十年。即使他貴為天子，一個人這輩子又能有幾個三十年呢？漢武帝不死心的在未來幾年繼續舉行封禪，又聽了新一批方士的話，多祭祀蓬萊、靈星……，一切方法都用盡，卻都無法實現他不死的心願。

漢武帝老了，或許絕望使他陷入瘋狂，他認為自己之所以一直衰老，病好不了，都是因為有人在暗中用巫術詛咒他。但是誰敢咒殺天子呢？誰有動機作這麼大逆不道的事情呢？漢武帝於是聽信讒言，認定自己的兒子劉據因為當了快四十年的太子，忍不住想提早謀反搶奪帝位。這下就引發有名的巫蠱之禍。

漢武帝派人搜查太子寢宮，寢宮什麼都沒有，但是太子住處「被動」擺放著詛咒木偶。老皇帝大怒，下令開殺。在陷入癲狂的皇帝面前，沒有人敢勸他，太子劉據不願受辱，最後只能被迫自殺。漢武帝一輩子煉藥祠神，最後卻在自己鬼迷心竅的疑忌之下，親手逼死自己兒子。所有跟太子有關的人，不是被殺，就是整個滅族。連陷害太子謀反的江充，也在漢武帝後悔之後被滅族。漢帝國的未來也蒙上一層揮之不去的沉重陰霾。

漢武帝追求長生的故事到底告訴我們什麼呢？這些皇帝怎麼把自己搞到骨肉相殘的破事，我們就不打算評論了。歸納一下方術士提供他的長生術，有三個元素不斷重複出現：祠神、服藥、治金（鑄鼎、鍊金）。這三件事分別對應古代的三種職業和特殊知識，祠神是巫師的工作，藥劑是醫生的工作，冶金是工匠的工作。而古代的巫師和醫生經常是同一個人，所以合稱巫醫。換句話說，長生術真正的根源，其實是從巫醫和工匠的知識與工藝發展出來的。

從現在的出土證據可以發現，追求長生的技術不是從戰國時代才開始，也不是只有煉丹求藥一種方法。長生不死的追求，跟古代巫醫替人祝由（祝說病由，可見《黃帝內經》）治病、為屍體進行防腐處理的傳統有關。治病一定會牽涉到藥物的服食，由此衍生出對於植物、礦物、金屬性質的探究；屍體的防腐則推進人們對於如何維持形體不滅的知識，刺激出死後再生或形體轉化的奇思妙想；金屬的冶煉需要礦物的開鑿、工匠的技藝，以及冶煉的工具鼎和爐。有了這些巫醫方劑和冶金知識的傳統，長生術的基本雛形才能建立起來。這就是為什麼在講述道教如何把這些技術吸收起來加以改造前，應該先來看看比較能確定掌握的幾條巫醫方技的線索。

古代屍體防腐術之一：丹砂

長生術和屍體的處理怎麼會有關係呢？假如長生不死是像埃及法老王那樣的木乃伊，只是肉體沒有全部爛光，徒留一具跟殭屍差不多的屍身，大概沒人會願意追求這種長生吧！更何況真正能保留屍體的案例也不算多。真要說屍體保存成功的例子，經常是靠特殊的地理條件，不是沙漠的極度高溫乾燥、就是極地的萬年凍土，而不是防腐處理的功勞。

但是，假如我們把這些處理技術當成人們追求死後復活的嘗試，情況就很不同了。中國古代對屍體進行防腐處理的嘗試，至少從新石器時代就開始了。屬於龍山文化陶寺類型的墓葬，經常在亡者的遺骸上鋪滿厚厚的一層丹砂；二里頭文化的墓葬中，有的甚至在墓底鋪滿整整六公分厚！這說明公元前兩千多年的時候，還介於新石器時代和青銅時代的人們，就已經開始相信丹砂對肉身的存續有一定程度的幫助。

時代再往後一點，鳳凰山西漢古墓出土的一具男性屍體，還有馬王堆一號漢墓挖掘出的一具女性屍體，都有使用丹砂的痕跡。鳳凰山的這名男子，是在死後才灌入丹砂的；馬王堆的這名女子則是體內就有丹砂，可見生前就已經長期服用。雖然丹砂沒有幫助她阻止死亡的到來，但她的家人還是在下葬時，替她把棺材塗滿含丹砂的紅漆，又用滿滿的丹砂浸透她身上穿著的紅色壽衣。

大家千萬別小看丹砂的使用。古人相信丹砂有神祕的療效，像是秦漢之際寫成的中藥學著作《神農本草經》就曾經記載著，丹砂可以「主身體五臟百病，養精神，安魂魄，益氣，明目，殺精魅邪惡鬼，久服通神明。」用現代人的眼光來看，本草著作應該是講草藥對身體療效的書，怎麼會把驅邪除鬼、感通神明都當成藥材的效果？這大概就是古代巫醫本是一家的痕跡。而且《神農本草經》的說法，也證明為什麼馬王堆漢墓的女子生前就常服用丹砂。因為當時人們相信常吃丹砂可以補益神魂，進而和神靈相互感應，或許有緣人還能夠蒙仙人召喚，飛升上天呢！當然，用丹砂防腐的思路犯了一個很明顯的錯誤，就是以為防止或減緩屍體腐敗的功能，可以直接轉移到活人身上。現實中吃丹砂當然沒有延緩老化和死亡的效果，要不然葬在馬王堆的那位女士怎麼會躺進棺材裡去呢？

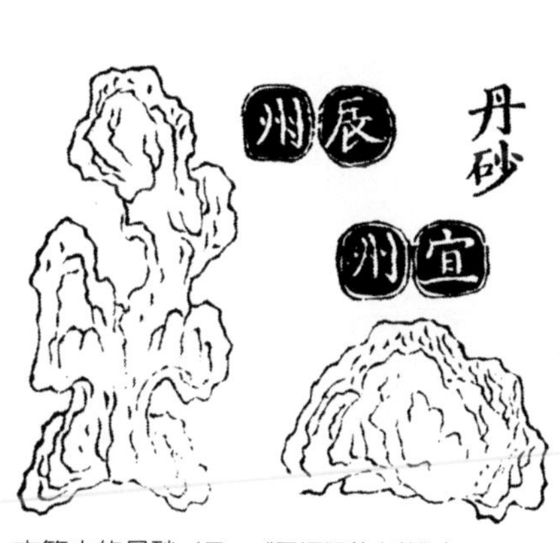

古籍中的丹砂（見：《圖經衍義本草》）

古代屍體防腐術之二：玉

還有一種材料，當時不但人們平常會吃，屍體下葬時還會塞進遺骸的嘴裡和身體的各處孔洞裡，甚至織成一整套衣服把屍體緊緊包起來：那就是玉。現代人可能會覺得奇怪，玉是一種石頭，怎麼能吃呢？其實這很簡單，把玉磨成粉，再混到飲料或食物裡面就能吃下去啦。這可不是什麼追求美食境界的瘋狂行為，雖然現在看起來實在有些極端，但古人相信玉和丹砂同樣是可以常吃、多吃，有益身體健康、也可防止屍體腐敗的好物！

玉屑、玉泉（見：《圖經衍義本草》）

漢代出土的銅鏡上曾經發現銘文：「上有仙人不知老，渴飲玉泉飢食棗」。所謂的玉泉，就是把玉屑混合水漿製作成的飲料，有時候也可以把玉粉裹起來做成丸子吞服。《神農本草經》記載，經常飲用玉泉的人不但能療癒「五臟百病」，還能「柔筋強骨，安魂魄，長肌肉，益氣。久服，耐寒暑，不飢渴，不老神仙。人臨死服五斤，死三年色不變。」這可比剛剛看到的丹砂更厲害了！假如古人也健身的話，拉伸筋骨要來一杯，刺激肌肉生長也要來一杯；身體虛的人冬天冷了要來一杯，餓了也來一杯，一種飲料抵得過千百種食物，還有什麼補品比這更好用啊！

就是因為古人相信玉有這麼神奇的功效，而且也能防止屍體腐敗，所以在墓葬中大量使用玉器包覆屍身。新石器時代的良渚文化就已經有所謂的「玉殮葬」，用大量玉製器具和裝飾品覆蓋在屍體上，或者陳列在墓室裡。商朝人也愛使用玉器，光殷墟的婦好墓，一座墓就出土七百五十多件玉器。甚至最後一任商朝天子紂王，《史記・周本紀》中也記載他是穿上縫著超過四千塊玉的玉衣自焚而死。

玉衣的存在早已證實不是傳說。漢朝以後的墓葬出土文物中，其中一項最有名的珍品就是亡者身上所穿的「金縷玉衣」了。根據統計，漢代的諸侯王下葬時穿戴玉衣者，至少已經有三十七例。尤其是河北滿城的漢代墓葬中，不但挖掘出玉衣、玉九竅塞，還發現棺木內壁嵌滿玉版、外側裝滿玉璧的華麗棺材。

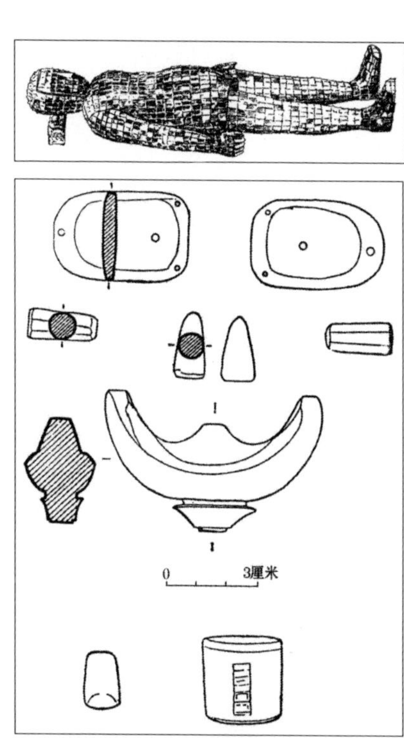

中山靖王墓（河北滿城漢墓）M1出土之漢代玉衣（上圖），及漢代玉九竅塞（下圖）。（引自：李零《中國方術考》，頁250）

儒家經典喜歡把玉解釋成是君子品德高尚、性情溫潤的象徵物，所以《禮記》提醒君子千萬不要忘記在身上配戴玉器。不過，玉器在墓葬中的應用大概跟儒家喜歡的解釋有點距離。很多墓葬中出土的屍體穿著玉衣，嘴巴裡塞著玉含，這肯定跟什麼溫潤的品德無關。玉含就是指含在嘴裡的東西，它可以雕刻成各種形狀，所以玉含有魚形、貝形、珠形、璧形等各種造型，或許和墓葬主人生前的喜好有關。妙的是，玉含最常見的一種造型是蟬形。

問題是在屍體嘴裡塞一隻玉蟬做什麼呢？有學者認為，蟬因為幼蟲會進入土裡成蛹，出土後生長成蟬；蟬的蛻變象徵著離開舊有的軀殼，脫胎換骨。蟬和蛇一樣，他們脫去的殼只是一種替身，而真正的生命才剛剛更新。把蟬的意象代入入土為安的屍體，這層比喻的意義就很明顯了。蟬形玉含是用來祈求死者被埋進土裡之後，沒有真正的死亡，而是等待著適當時機脫胎換骨啊！

古代屍體防腐術之三：黃金

還有一種材料跟長生術的關係很密切，那就是黃金。雖然一般人可能以為，西方的鍊金術也是以提煉黃金為關鍵要素，好像要創造人工生命或追求不死的萬靈藥就跟黃金有關，但這其實不是理所當然的事情。中國早期的冶金技術是以青銅器為主，多半屬於銅、錫、鉛、鋅、砷這幾類金屬的化合物，比較少使用到金。加上中國的金產量極少，黃金其實不多見。從考古資料來看，會使用黃金的文化多半來自於北方的草原民族，包括商朝人蔑視的邊疆方國（如鬼方），和周朝人稱為東胡、山戎、匈奴等部族的活動區域；要不然就是遠離華夏民族的西南地域，如三星堆文化。

中國古代黃金工藝的發展，應該要到春秋戰國時代才逐漸發達起來。比如戰國時期曾侯乙墓出土的金盞、金杯，信陽長台楚墓出土用來削去簡牘上錯字的銅削，也是用鎏金工藝製成的珍貴器具。楚國還有使用金銀鑄造的貨幣。這些黃金製品的大量增加，都是拜戰國時代鎏金工藝的發展所賜。

鎏金工藝是利用「金汞齊」化學反應來鍍金的一種技術。汞就是水銀，假如你在一疊金箔上滴下一滴液態的水銀，可以看到水銀很快就把金箔給「吃」得一點都不剩。當然水銀不會吃東西，吃是用一般人比較熟悉的動作來比喻。實際上，水銀能夠跟大多數的金屬形成化合物，把水銀滴到黃金上，黃金會被水銀溶解，形成金汞合金。從這點來看，黃金對水銀是一點抵抗力都沒有。

接下來準備好禮器、兵器、璽印、鏡子或是任何想要鍍上黃金的器物，把液態的金汞合金均勻地塗滿器物表面，再用火焰燒灼它，神奇的事就發生了：水銀因為被火燒高溫烘烤而揮發，只有黃金還留在器物表面，一件閃耀著金黃色光芒的美麗金器就此完成。這種火法鍍金的技術從戰國時期開始廣泛應用，漢朝人繼續用它創作出更多精美的器具，像是河北滿城漢墓出土的長信宮燈，就是最知名的青銅鎏金燈具之一。

用水銀來鍍金的工藝很快就被當時的方術士應用到長生術上。漢武帝想追求長生不老，李少君建議他先從丹砂中提煉出水銀，再用水銀製作金器，最後用黃金做的器皿吃飯。據說長期用金器吃飯，就能延年益壽，感動仙人降臨。

當然，漢朝皇室想追求長生的人絕對不只漢武帝！西漢晚期的劉向在淮南王劉安被抄家之後，從抄沒的家產中找到一本《枕中鴻寶苑秘書》，書裡記載著驅使鬼神鍊成黃金的祕法。劉向把這套祕法上奏朝廷，立刻得到大把的經費來鍊金。可惜這個方子好像無效，最後劉向消耗了大把經費的鍊金計畫失敗，還差點被問責處死。漢哀帝的祖母傅太后原本不相信鍊金術會成功，但是一聽黃金可以做出

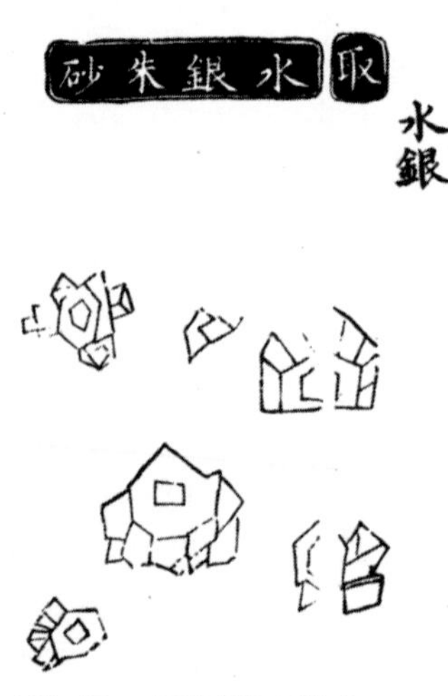

水銀（見：《圖經衍義本草》）

不老仙藥，最後老人家還是心動了，撥款給史子心去鍊金。當然，最後傳太后也沒有鍊成真正的黃金。

雖然黃金始終沒有鍊出不死藥，人們仍然學習到許多金汞齊的化學特性。早期道教丹經的重要作品《黃帝九鼎神丹經訣》介紹如何用丹砂提煉出水銀的時候寫道：「水銀，味辛，寒，有毒。……殺金、銀、銅、錫，轉鎔化還復為砂，久服神仙不死，一名汞。……能消化金、銀使成泥，人以度物是也。」這裡對鎏金工藝的認識是正確的，只不過道教煉丹的最終目的是追求成仙，和一般人只是追求美感（或者是炫富）的目標不一樣而已。

在道教的世界裡，水銀因為容易揮發消失的關係，被美稱為河上姹女。她是如此的神妙、靈動，飄飄然不沾染一點人間的煙火，一旦被炙熱的火焰靠近，就憑空消失，無影無蹤。

這麼奇妙的金屬，自然也被用到了屍體的保存上。據《竹書紀年》記載，齊桓公和吳王闔閭的墓葬裡都設置有水銀池，可見春秋時代就可能開始用水銀殮屍。史上最大規模利用水銀殮屍的墓葬，當然就是秦始皇陵。現在的秦始皇陵下分布著大片水銀，導致考古學家在技術條件不夠的情況下，不敢隨意挖掘，生怕毀壞古代遺物。但是這證明《史記》沒有說謊，秦始皇陵用水銀製作出江河大海，還製作機關器械自動灌輸，模擬整個天地之間的水文流動。由於墓穴裡面極度缺氧，又被浸潤在水銀之中，物品的保存狀態應該相當完好。假如秦始皇的真身果真埋葬在此，或許未來挖掘完成後，我們還有機會一睹他的廬山真面目！

你吃錯藥了嗎？醫家和仙家的三品藥方

某些金屬或藥物可以防止屍體腐敗，便理所當然的推論用在活人身上也可以有效，這種想法或許已經天真到有點傻氣。但無論如何，丹砂、玉石、黃金、水銀都是古代常用的防腐素材，後來被方術士借用來宣揚不死仙藥的藥方。接下來問題就產生了：哪一種藥最有效呢？這些金石類的藥材和醫家的草藥有沒有互補功能？吃的時候又該怎麼搭配比例呢？

從早期中醫學的本草類書籍來看，醫家的服食可以大概分成草、木、虫、石、穀五種，漢代的經學家鄭玄把它們統稱為「五藥」。醫家用的藥材雖然和方術士烹炮的仙藥有很多重疊的部分，但是它們的基本目標並不一樣。中醫的藥物始終以草藥為主。《神農本草經》把藥材分成上、中、下三品，上藥的特質是可以大量吃、天天吃，吃多了可以滋補身體，對身體也沒有副作用。中藥有自己的特性，要針對病人個別的情況來投藥，最好不要常吃，要吃也要先找醫生問診才行。至於下藥就絕對不能自己亂碰，因為它們都是毒性很強的藥，只有老練的醫生以毒攻毒的時候會用，吃錯了可能還有生命危險。

醫家的服食觀念其實是相對比較安全的。藥材的應用很重視對症，會依照個案情況來處理。但是別忘記古代巫、醫本是一家，經常有些書會把治病和修仙用的藥混在一起談。舉例來說，雙古堆漢簡出土的一篇〈萬物〉就記載著好幾種藥方可以提升人的跑步速度，有的藥是把烏喙跟癩蛤蟆背上的瘤混合起來吃，有的藥是連續服用烏喙一百天，有的藥是吃蜘蛛。馬王堆帛書《養生方》也有提供以烏喙為主要藥材的加速藥劑，第一個方子就是烏喙三顆為主，非廉、方葵、石葦、桔梗、茈威為副，再加上白螣蛇若蒼梗蛇，搗成藥泥之後用棗脂做成丸子吞服。

請注意「烏喙」不是鳥的嘴巴「鳥喙」，烏喙是一種有劇毒的塊根植物，它的主根叫烏頭，子根叫附子。因為這種植物含有烏頭鹼的成分，只要三毫升就可以致

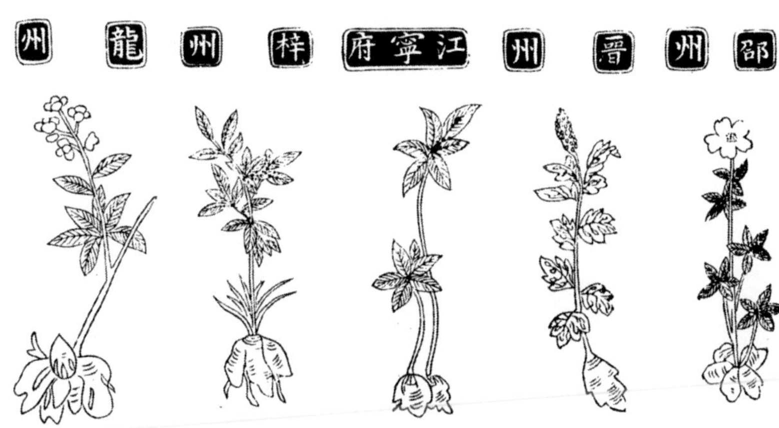

各地的附子，即「烏頭」、「烏喙」（見：《圖經衍義本草》）。

死，毒性非常強烈，一般人根本不能碰。不過，烏頭鹼可以帶來興奮劑的效果，嚴格控制劑量的話，確實可以暫時讓人精力旺盛、身輕如燕。那為什麼跑得快很重要呢？因為成仙最主要的特徵就是身體變輕，移動速度變快，最後能乘風飛起啊！如果能長期服食烏喙，讓身體輕健，是不是就打好飛升成仙的基礎了呢？

〈萬物〉的怪藥方還不只這些，書上說服食馬胭的人可以長時間潛水，不會溺死。只是不曉得藥效是讓人能夠不必呼吸，還是能夠在水中呼吸。另外，如果一個人想要跑得快，還可以準備浸潤過處女月經的布，一看到旋風飛起就把布投進旋風，等風停以後，把布纏在腰上當作腰帶，據說只要一拉緊腰帶，就能跑得跟馬一樣快。——這甚至不能稱之為魔藥學了，根本就是一種邪魅的巫術。

戰國到兩漢時代的醫（巫）術原來這麼有趣！不過道教對藥材用法的見解和醫術不盡相同。魏晉南北朝的道教已經把各種藥材的效力統整起來，編織出一套層級分明的系統，在探索服食和煉丹技術的過程中有重要的貢獻。葛洪《抱朴子》對仙藥等級的區分，可以說是丹道歷史、甚至是化學史上的一個新里程碑。

葛洪因為主張服食丹藥是最上等的修仙方法，所以對所有藥材的認識都以煉丹為導向。在煉丹的前提下，葛洪心中最上等的藥是金屬，首推丹砂、黃金、白銀、五玉；次一級的藥是礦物，比如雲母、雄黃、石桂、石英、石腦、石硫黃、曾青、太乙禹餘糧；最差一個等級的藥則是草藥，都是直到現代中醫還常用的藥材，比如茯苓、地黃、松葉、麥門冬、天門冬、黃連、枸杞、五味子、遠志、菖蒲、甘菊、松柏脂等等。

葛洪相信真正能捍衛人類肉體使其不死的藥材，必定是金屬。葛洪的想法是，在這個世界中金屬最為堅固，最不容易損壞，玉石次之，最差的就是動物的肉身和植物的纖維。因為，假如這些藥材連自己都無法保護，怎麼可能保護得了人呢？

葛洪還舉例，把銅器上青綠色的銅鏽刮下來，叫做銅青。用銅青磨粉塗抹在人的腳上，就能保護雙腳不管泡在水裡多久都不腐不爛。這就是借用金屬的力量來鞏固肉身的案例。假如敷一層銅青在皮膚外都有這種功效，那麼把金丹吃到肚子裡，消化掉之後循環全身，不就能讓人變成強大的鋼鐵人了嗎？古代傳說中的黃帝如果不是先採集首山之銅，鑄成荊山之鼎，再用這口鼎燒煉出金丹，怎麼可能吃下丹藥乘龍飛升？所以金屬類的藥材永遠強過草藥啊！

至於只吃植物類草藥的人呢，對外可以防止外來的風邪侵犯，對內可以保養身體使疾病不生，頂多活個幾百年，但終究沒辦法成仙。而且，光吃草藥沒有驅邪的效果，上山的時候擋不住山精魑魅的襲擊，更無法避免虎豹毒蛇的傷害，所以是各種藥材中最下等的。

葛洪的用藥邏輯，比起常用草木之藥的醫家更為激進。好聽的說法是更有實驗的精神，但其實很多金屬和礦物對人體都含有劇毒。而且，葛洪的煉丹藥方是從師父手中取得的，雖然傳承有緒，可是他自己到老年都沒有煉出來。這不是因為他不認真煉丹，而是因為煉丹過程需要的金屬和礦石價格都太昂貴，數量非常稀有，不是平民百姓能買得起的。葛洪好幾次在寫作的時候抱怨自己太窮，手上拿到師傅傳的丹方已經二十多年，卻沒錢買藥煉丹，不然早就能夠成仙啦！

如果從現代的角度來看，葛洪沒錢煉丹或許是件好事。因為依照他提供的方法去煉丹，大概只能煉出氧化汞（HgO），也就是假的藥金。氧化汞對人體可是劇毒！現代法規連殺蟲劑中都禁止使用氧化汞，就是怕它在食物鏈中循環，有一天被人類吃下去，一旦累積到一定的量，人類也會中毒。

葛洪晚年聽說交趾郡（位於現在的越南境內）出產珍貴的丹砂，喜孜孜地請朝廷給他派一個當地的縣令來當，馬上搬家往南走。不知道他最後拿到丹砂了嗎？葛洪人生的最終站落腳在廣州羅浮山，聽說他在山上煉丹有成，或許收到誰的贊助，終於入手心心念念的藥物了吧。至於他最後成仙了沒，那就沒人知道了。

光吸空氣就能活?!窮人版的長生術：吐納食氣

既然煉丹這麼花錢，連當年小有名氣的葛洪也只能感嘆一輩子買不起藥材，是不是除了漢武帝這種投胎帝王家的人才有機會煉丹修仙？也不盡然，生命自然會找到出路，一般人還沒到絕望的時候。

古代的人們很早就發現，要強身健體、延長壽命，除了靠服食藥物之外，最方便、便宜的手段就是吐納導引了。《莊子》裡面講過，養生的人常常作「吹噓呼吸、吐故納新、熊經鳥伸」。前兩種是呼吸法，透過口鼻呼吸讓氣流在身體內外不斷交換循環，藉此調養身體。

呼吸法其實就是現代所謂氣功的一環。中國古代相信萬物都是由氣所構成的，氣聚則生，氣散則亡。如果能夠透過吐納不斷吸收天地之氣的精華，更新體內陳腐的衰敗之氣，就能達到養生長壽的目的。

呼吸法跟藥材不一樣，沒有辦法以物質的形式保存下來。我們現在能夠掌握的古代呼吸法，都是記錄在文獻上，或者是刻在古代器物上的銘文。這裡面最有名的一篇〈行氣銘〉，就刻在一件出土的戰國時代十二面觚形玉器上。〈行氣銘〉短短三十六個字，要訣是把氣深深的吸入腹中，把氣聚集鞏固在下腹，隨著積聚已久的氣勃發生機，自然會向上反行。吸氣象徵著把天根深深的種在體內，呼氣則象徵著大地之根向上萌芽茁壯。因為一順一逆，又是沿著軀幹中軸上下，所以道教往往認為〈行氣銘〉講的就是沿任督二脈行氣的小周天功法。

吐納行氣可以跟辟穀斷食一起練。辟穀就是不吃，或者是少吃五穀糧食，目的是清理體內殘留的食物渣滓，讓人神清氣爽，身體輕健，面色良好（一毛錢都不用花，果然是窮人的福音）。這裡面的道理是從觀察動物飲食推論出來的。古代的行氣師傅認為：「食草者善走而愚，食肉者

行氣銘，上圖為器形，下圖為銘文。
據郭沫若考釋，銘文全文為：「行氣，深則蓄，蓄則伸，伸則下，下則定，定則固，固則萌，萌則長，長則退，退則天。天幾（機）舂在上，地幾（機）舂在下。順則生，逆則死。」
（引自：李零《中國方術考》，頁272）

多力而悍，食穀者智而不壽，食氣者神明不死。」他們相信草食性的動物跑得快，但是智力低下；食物鏈上層的肉食動物力量強大，脾氣兇猛；吃五穀雜糧的人類呢，智慧比其他動物高，但就是活不長久。所以說，吃什麼都有缺點，長生的關鍵在於食氣，也就是用吐納呼吸來行氣，最後能達到不吃食物，光靠呼吸就能活的境界。

儘管一定程度的斷食對於身體有益，但是行氣家未免太誇大氣功的力量了。葛洪是煉丹派的，所以很不客氣的批評行氣家的看法。葛洪認為行氣加上辟穀的好處，一方面是窮人不用買菜很方便，如果剛好隱居在山林之間，很難購買糧食，練一練辟穀行氣可以省掉很多找食物的麻煩。另一方面，少吃食物能夠減肥，確實有身輕如燕的效果。但是假如太餓了，過度壓抑食欲，整天頭暈目眩，不過是苦了自己而已。所以，雖然宋代以後的內丹術非常重視行氣之法，但是在葛洪的年代，吐納食氣只是窮人版養生法，不能稱為主流。

別再相信五禽戲是華陀發明的

至於《莊子》講到的「熊經鳥伸」，是另外一種不花錢就能實踐的導引之術。導引是身體的動作，也就是體操動作或者是瑜珈的體位法。現代人常看見公園裡老人家活動筋骨，打一套八段錦、太極拳這一類的養生功，可以強化心肺功能，增加基礎代謝。運動完腦內分泌多巴胺讓人心情暢快，天氣冷的時候運動可以暖和身子避寒，確實有非常強的保健效果。不管古代人知不知道這些身體機制，他們在實踐中都感受得到身體的改變。在古代，這類養生功就統稱叫做「導引」。

因此，像《黃帝內經素問》這類醫藥經典，就把「導引按蹻」和針灸、砭石和服藥並列為醫病之方。《呂氏春秋》記載帝堯時代的傳說，人們已經懂得跳舞導引來養生抗寒。春秋戰國時代以降的墳墓裡面，埋藏著很多珍貴的遺物。在這些墓葬出土的文獻中，能看到許多幅不同種類的〈導引圖〉。

一九五六到一九五七年，河南三門峽上村嶺挖掘出著名的「虢國墓地」。虢國墓地是西周至春秋時期虢國國君歷代的家族墓地，整個墓葬群包含車馬坑、祭祀坑在內，總共超過五百座墓葬，規模之宏大非常驚人。墓葬裡面的收藏品包羅萬象，品質之高也讓人不可思議。

虢國墓地的第一六一二號墓挖出來一件奇妙的銅鏡，鏡子的背面有龍、鹿、鳥、虎四種動物的花紋。這種銅鏡和漢代常見的青龍、白虎、朱雀、玄武四神鏡很類似，但是動物對不上去，又有些不一樣。如果把它和《後漢書》記載的華陀「五禽戲」類比，反而更為接近。華陀五禽戲模擬的五種動物分別是虎、鹿、熊、猴、鳥，其中三種動物和上村嶺銅鏡一致。省略猴子可能是因為銅鏡中央需要保留一個紐的位置，所以不做出來；而銅鏡上的龍頭部碩大，和熊的特徵比較接近。

這樣說來，五禽戲早在春秋時期就已經發明了?!《後漢書》原本是第一份記載華陀發明五禽戲的傳世文獻，而跟隨華陀學會五禽戲的初代弟子是廣陵人吳普，據說吳普還靠著鍛鍊五禽戲健健康康活到九十幾歲，看起來比很多五、六十歲的人更年輕。有沒有可能上村嶺銅鏡的花紋不是五禽戲，只是我們的

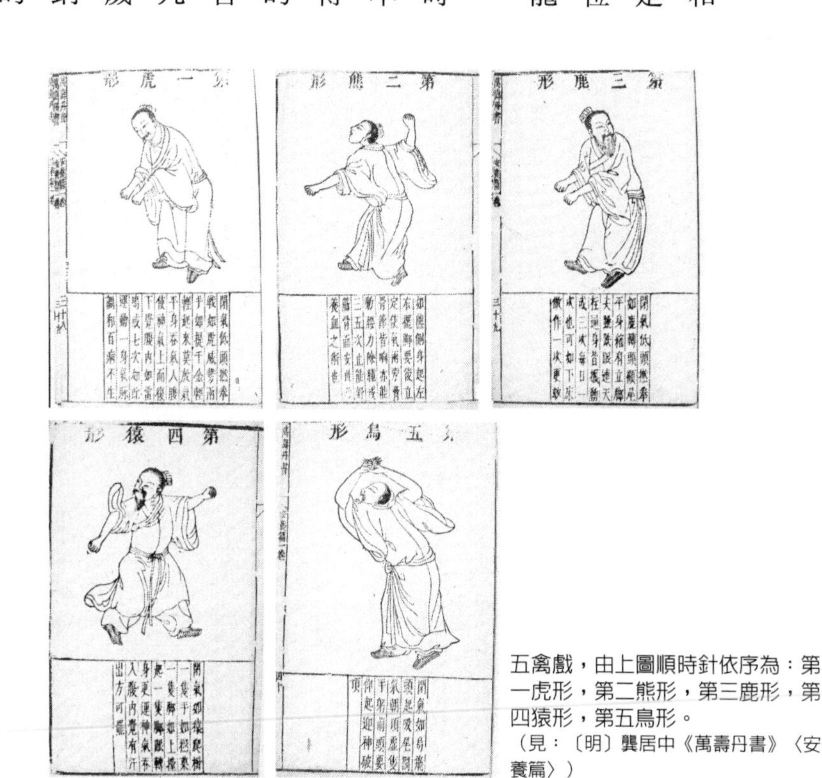

五禽戲，由上圖順時針依序為：第一虎形，第二熊形，第三鹿形，第四猿形，第五鳥形。
（見：〔明〕龔居中《萬壽丹書》〈安養篇〉）

過度解讀？

俗話說孤證不立，假如只有一面銅鏡當證據，那當然是不夠的。歷來出土最強力的證據，莫過於馬王堆三號墓出土的帛畫〈導引圖〉了。這幅〈導引圖〉長一百四十二公分，寬七十公分，上下四層，每層都畫著十一個人，總共四十四人各自做出不同的導引動作。這批人物大約一半是男性，一半是女性；有人穿長袍，有人穿短褲短裙，有人打赤膊，有人手持器械揮舞，姿態不一。雖然帛畫殘缺不全，而且畫得比較簡略，但是現代學者已經繪製出復原圖，圖案挺可愛的。不論是古今讀者，只要稍微意會一下，還是能想像動作的流程。若是想像不出來的話，帛畫的左側還有說明文字，用來教導動作的要領和功能。

〈導引圖〉上有模仿動物的「禽戲」類動作，如螳螂、鶴翔、龍騰、鷂背、熊經、鸇飛、猿猴喧呼與啼叫；「除病」類動作如治疝氣的引積、治耳聾的引聾、治膝蓋的引膝痛、活動頸部的引項、治胸腹悶脹的引胠責、治大腿疼痛的引髀痛；剩下的則是標題殘缺的動作。

除了馬王堆帛畫之外，張家山漢簡的《引書》也有導引術式三十六種。有頭頸類的運動、腰背部的活動、四肢的運動、除病的導引式等等。有些動作很正常，像是按摩腿部、腳心，挺胸伸展。比較奇特的，像是要模仿尺蠖（蛾的幼蟲）爬行、鳧雁浴水、靈蛇吞物、麋鹿低首、反轉身體看腳跟、讓人用腳踩腰按摩等。

《引書》中最怪異的大概是「益陰氣」這招了：首先練習者要蹲好馬步，左手撐著地板，右手端著一碗白飯，鼻子湊到飯前用力吸熱騰騰的白飯冒出的蒸氣，同一時間提肛，也就是類似上大號的時候用肛門括約肌之力夾斷大便的動作。這招不是用來治病的，是養生動作。其實提肛可以強化肛門括約肌，降低失禁、痔瘡的風險；同時因為動作部位接近生殖器，有加強男性性功能的效果。不過為什麼要端著一碗飯吸飯氣，這大概就是不可考的巫術之秘了吧。

在這些出土文獻之外，傳世典籍中還有西漢的《淮南子》記載熊經、鳥伸、鳧浴、猿躩、鴟視、虎顧六種導引術；葛洪《抱朴子》有記載龍導、虎引、熊經、龜嚥、燕飛、蛇屈、鳥伸、猿據、兔驚共九式導引術。此外還有其他書籍紀載，可見並非孤證。

總體來說，從春秋戰國到漢代的導引術式，大多是模擬四象和十二生肖系統中的動物，重複的動作相當多，只有少數例外。從這點來看，華陀的五禽戲屬於同一系統的延續，他是一個整理古代導引術的醫生，而不是發明者。這樣說當然不是要抹滅華陀的貢獻，只是很多古人被推尊為一項技術的發明者，背後往往都有成百上千年的文化積累，不是一個卓越的天才單憑一己之力就達到的成就。

馬王堆三號漢墓出土「導引圖」
（此為復原圖，原圖藏於中國長沙湖南省博物館）

禽戲的傳承對於古代的房中術和道教的仙術有很大的啟發。房中術這裡先不提。葛洪《抱朴子》講到的一種「乘蹻」之術，最適合說明道教怎麼把導引術改造成一種修煉。葛洪說的乘蹻法總共分乘龍蹻、虎蹻、鹿蹻三種。看到這三種動物，是不是跟禽戲模擬的動物非常一致呢？

乘蹻是有條件的。在學習乘蹻以前，修練者需要長期守齋，斷絕肉食，一年之後身心徹底清淨才能開始實行。乘蹻是一種增速的疾行之法，修練者學成之後可以自在地周遊天下，一切崇山峻嶺、大海絕域都無法阻擋。乘蹻術如果搭配符咒和存思，提高了精神的層次以後，還能夠像飛仙一樣在天空自由飛翔。存思的水平對乘蹻來說非常關鍵，存思一個時辰能夠行進千里，隨著存思的時數增加，倘若能夠練到一天十二個時辰不間斷的處在存思冥想狀態，一天能飛一萬兩千里，相當於今天的六千九百公里。

道經《太上登真三矯靈應經》有龍、虎、鹿三種蹻的詳細修煉方法，鹿蹻的功能是日行千里，採取靈芝；虎蹻能夠乘風往來，隨著氣之聚散自在騰挪；龍蹻不出意外的是最高境界，練成的人腳下會自然生出一朵朵像觔斗雲一樣的雲氣，本身化為無形之氣，上天入地、穿山入水，天下沒有任何事物能夠阻礙他的行動。乘龍蹻跟成仙的區別已經不大，因為任何洞天宮府和神明居住的天界他都能隨意往來了。

要說到乘蹻之術的根源，除了春秋戰國時代的禽戲導引，還可以更往古代追溯到仰韶文化時期。這個時期的墓葬曾挖掘出蚌塑的龍虎圖案，圖繪人類騎乘騰龍和奔虎在空中奔馳。換句話說，當時的巫師可能已經在演練一種上古版本的法術，追求魂神飛升的美好願望。後世的道教在這麼多的文化淵源之下，綜合導引術和乘蹻巫術，改造為道經中的仙術修煉，當然就不奇怪了。

老子怎麼會煉丹？原來關鍵是「太清」

最後來談談煉丹術吧！從秦始皇到漢武帝，從六朝的葛洪到唐代的李白，不論是皇帝還是平民，一提到修仙，最容易聯想到的方法就是煉丹了。古代巫醫對草藥和礦物的知識，加上冶金工匠對各種金屬質地的理解，共同促成了煉丹術的產生。

中國歷史上最早開始推廣煉丹的人，大概是戰國到秦漢之際的方術家們。只要一顆藥丸吃下去，就能像嫦娥奔月一樣擺脫紅塵的羈絆，成為天上的飛仙，這麼好的事情怎麼不吸引人？無怪乎徐福說要到蓬萊仙島找藥，李少君說要用丹砂煉出的黃金做器皿吃飯，葛洪老大一把年紀還要自請外派到交趾煉丹。

不過，這跟老子有什麼關係？

很多人想到煉丹，第一個聯想到的是《西遊記》的故事。話說孫悟空大鬧天宮的時候，除了闖到王母娘娘的蟠桃會上偷桃吃，還撞進太清兜率天宮，把太上老君丹房裡煉的金丹也偷來吃。小說裡形容孫悟空一副偷嘴的猴子樣，抓起五個葫蘆就把金丹都倒出來，像在吃炒豆子般一把一把的吞，好端端把得來不易的金丹狠狠糟蹋一遍。

太上老君（見：《列仙圖贊》）

太上老君煉的丹非同小可，是神仙都難求的九轉金丹。雖然說孫悟空吃到肚子裡的丹藥有的煉成、有的還沒煉成，但是在肚子裡胡攪一通，用三昧真火燒成一塊，讓孫悟空頓時有了金剛不壞之軀。孫悟空被逮住以後，太上老君就把他丟到八卦爐裡面燒了七七四十九天，但竟然沒燒死孫悟空，反而給他薰出了一雙火眼金睛。

話說回來，歷史上老子原本跟煉丹是沒關係的，又怎麼會在《西遊記》變成煉丹的神仙呢？這裡有個細節要注意：太上老君住的地方是太清境，這是道教神界至高無上的「三清境」其中之一。太上老君在三清之中號稱「道德天尊」，居住在太清境大赤天上。歷史上的老子早已往矣，「三清」反映的是六朝時期道教吸收古代思想與文化元素，建構出完整的道教神學系統，同時把神明一個一個安置在萬神殿裡的結果。

那麼，「太清」原本又是什麼意思呢？顧名思義，是最清淨的意思。在《莊子》裡，「太清」是一個寓言腳色，他出發尋找大道，詢問過「無窮」、「無為」，最後從「無始」身上問出什麼才是道。在《淮南子》裡，太清是原始人類最純真、最樸素的生活狀態。而《管子》則說太清是一種純淨的空間，只有逍遙的仙人才能自由的在太清漫遊。

很快的，這個能對應人類內心境界，並且指向一個超自然世界的太清，就在道教世界中被人格化成為一位神明。太清之神創造出世界上第一

黃帝（見：《列仙圖贊》）

部丹經，這些丹經只允許在諸神之間流通，一般人類是看不到的。可是，因為黃帝有緣昇天，於是天上玄女下凡將太清丹經傳授給了黃帝，讓黃帝成為第一位人與神之間的中介者。這就是中國第一批煉丹術經典：太清丹經降世的傳說。

很多人不知道曾經有一段時間，太清境是天上一切諸神的住所。包括現在罕為人知的至尊之神「上上太一」和「道君」，還有侍奉這兩位至高神的「老子」和「太和」，都住在太清境裡。《老子中經》曾經提到西王母和東王公也住在太清仙界。如果凡間的人類想要修仙的話，要努力的在體內存思太清之氣，使自己清淨虛寂、化形飛升。

作為至高天境和黃帝鑄鼎煉丹神話的代表，太清丹經在三世紀出現在長江下游的南部地區。太清丹經總共有很多部，最重要的幾部是《太清經》、《九丹經》、《金液經》，還有《九轉還丹經》和《琅玕華丹經》。根據葛洪在《抱朴子》裡的說法，當時江南一帶的道士對這些經典一無所知。葛洪自己能夠獲得太清丹經，是因為三國時代的左慈遷徙到吳國，後來傳授給葛洪的祖父葛玄。葛家於

葛玄（見：《有象列仙全傳》）

是壟斷太清丹經，成為統合古代煉丹術的唯一家派。

可是，魏晉南北朝是道教興盛蓬勃的階段，不是只有太清丹經問世而已。隨著四世紀下半葉道教派別的開展，道教經典出現一大批上清經典和靈寶經典，而時代稍早卻比較不知名的太清經典的地位不得不接受重新安排。根據陶弘景統整六朝道教著作《真靈位業圖》所說，居首的神明是上合虛皇道君稱元始天尊，居於玉清境；第二是高聖太上玉晨玄皇大道君，居於上清境；第三是太極金闕帝君；第四才是太上老君，居於太清境。

這個排序法和稱謂跟現代人所熟知的三清系統有一些差異。這裡面牽涉到非常錯縱複雜的歷史因素，恐怕只有專業的學術研究才能仔細說明，這裡暫時不談。但是有一點可以確定的是，太清境已經不再享有天界最高的地位，而是讓位給上清和靈寶的玉清境和上清境。天師道遵奉的主神太上老君，也被歸類為太清境之主，排行第三。老子既然和太清歸類在一起，太清經系的煉丹神話便附著在老子身上。當然從六朝到明代的《西遊記》之間還有太多歷史的發展，但從文獻證據上來看，老子和煉丹聯繫在一起的神話，最早是可以追溯回太清經系的。

太清丹經的還丹術

① 藥材

前面講完煉丹經典的起源，那麼具體來說煉丹要怎麼樣操作呢？先別急著進入燒煉的環節。不要忘記，煉丹前要先找煉藥的素材，沒有素材怎麼煉？李少君和葛洪不都是缺錢買材料，所以找皇帝求贊助的嗎？

這些藥物的名稱很神祕，聽起來都很厲害，但是內容非常隱晦，實際上是什麼金屬或礦物需要師傅直接傳授。凡是有秘傳性質的藥物，現代人都很難破譯。不然的話，以現代的化學和冶金水平，應該不難重現當年的實驗條件，創造出葛洪夢寐以求的仙丹吧。

葛洪在《抱朴子》裡面列舉好多項材料的名稱，每一個都不是字面上的意思。比如「河上奼女」是一種藥材，而不是指女性；「陵陽子明」不是男性；「禹餘糧」不是五穀類的植物；「堯漿」不是水；就連很容易望文生義的「龍膽」、「虎掌」、「雞頭」、「鴨蹠」、「馬蹄」、「犬血」、「鼠尾」、「牛膝」，都不是字面上的動物名稱。還有一些奇怪的名稱，像是「缺盆」、「覆盆」、「大戟」、「鬼箭」、「天鈎」，跟金屬鐵器和瓦石也毫無關係；甚至有些藥材乾脆擬人化，取了個人物名字或好聽的頭銜，比如「胡王使者」、「歷倚姑新婦」、「野丈人」、「守田公」、「戴文浴」、「徐長卿」，假如有讀者傻傻地照著經書上的文字去找材料，難道他要把活人丟到丹爐裡面獻祭嗎？這也太荒唐了。

根據現代學者的研究，有少數材料已經能夠確定是哪些物質，並且把化學式復原出來。下面列舉幾個比較可靠的名稱給大家參考：

玄明龍膏：汞、水銀 Hg

太乙旬首中石：雄黃 As_4S_4

冰石：寒水石 $Na_2Ca(SO_4)_2$

紫游女：戎鹽 $NaCl$

玄水液：磁石水 Fe_3O_4

赤石脂：FeO_3

金化石：硝石 KNO_3

胡粉：鉛粉 $Pb(OH)_2 \cdot PbCO_3$

禹餘糧（見：《圖經衍義本草》）

這下大家應該明白為什麼講煉丹的太清經流傳不廣了吧！這麼多詭秘的假名，即使你有師傅傳授也不一定都學得會、學得正確。何況你確定自己的師傅學完整了嗎？而且燒煉丹藥讓人很挫折的是，只要一項關鍵材料搞錯了，很可能整個過程就全功盡棄，得不出想要的結果。

②選址

蒐集完藥材之後，第二步驟是選一個好地點，通常是在大山深處的洞天福地，找一個僻靜絕無人跡的地點，齋戒百日之後再開始煉丹。在道教的觀念裡，煉丹需要神明的護持才會成功。一般的村落市集太多俗人、愚人，地方不夠清淨，還會擾亂煉丹的流程。如果你是個煉丹家，丹藥都快要煉成了，總不想跟諸葛亮一樣被一個魏延闖進帳篷來踢壞陣法吧？

至於要選擇大山而不選小山的理由是，大山通常都有力量強大的正神駐守，小山的地方性太強，經常是一些千歲老木、血食之鬼盤踞當山大王。這些精怪長年累月吸收天地精華，終於獲得智慧、具有人格，但是渾身邪氣，無法約束，有時候還會利用自己的靈力做怪，為禍人間。它們一見到煉丹的道士，知道有金丹大藥正在烹煉，很容易見獵心喜，前來試探。不但道士需要施法護身，陪同的弟子和僮僕也要小心看守，免得煉藥過程被破壞。

③水火法、玄黃法、六一泥

地點選定之後，正式開始煉藥。煉丹的基本原理分成水法和火法兩種，水法是用水或酸性液體將藥材溶解，製成特定的溶液；火法就是用火焰加溫，根據溫度高低還有藥材是否揮發等差異，能夠再細分成炮、燠、煅、養火、飛升、飛煉等等異名。飛升、飛煉說白了就是把藥材加熱到汽化，因為變成氣體消失，就被美稱為飛升啦。

接著煉丹家要準備一個煉藥用的釜。這個釜是一口大鍋，它要能耐受極高的溫度，所以不能隨便做。太清丹經裡的釜是用兩個赤石脂容器疊加而成。首先將赤石脂搗篩，蒸一天，加入醋，製成泥，作為釜的基底。用泥製成釜坯後，要用三十斤的榔樹皮煮一天，除掉渣滓，剩下部分用火煎過，會得到紅黑色的榔漆，可以塗滿釜口和釜的內壁。

接下來還要準備「玄黃」和「六一泥」兩種東西。「玄黃」是鉛汞的化合物。這個取名有神學上的意義。因為玄黃分別代表天地，《易經》裡面說「天玄而地黃」，又說「龍戰於野，其血玄黃」，這玄黃不但象徵著天地陰陽的交融，也代表生命的精華。同時，玄、黃也對應黃帝昇天神話中的主角黃帝和傳授金丹煉法的玄女，為它添上神聖的色彩。玄黃的交融，相當於戲劇性地在小小的一口釜中演示出物質回歸宇宙原初狀態的過程。

玄黃的製作法，是取二十斤鉛、十斤汞，把兩種金屬放進鐵器裡面，用大火猛燒。鉛與水銀燒過之後，會流出黃金色或華紫色的一種物質，叫做黃精、黃芽，或是黃輕。道士們相信這就是鉛與汞兩種金屬內藏的精華。如果把玄黃法寫成簡易的化學式，大概長這樣：

$$2Pb + O_2\ (327^{\circ}C) \rightarrow 2PbO$$

$$6PbO + O_2\ (500^{\circ}C) \rightarrow 2Pb_3O_4$$

$$2Hg + O_2 \rightarrow 2\ HgO$$

玄黃法其實可以煉出兩種物質，一種是黃色的氧化鉛（PbO），也就是被當成金屬精華的黃芽；另一種是黑色的氧化汞（HgO）。因為一個是黃色，一個是黑色，所以對應玄黃法的玄與黃。氧化鉛很重要，因為它是強氧化劑，可以伏汞，使汞在高溫燒煉過程中迅速氧化而不散逸。這在後續的煉丹過程中會起到關鍵作用。玄黃煉成後，若放置於常溫，會逐漸分解為汞和氧，外觀看起來是黑色的粉末，所以號稱萬古丹經王的《周易參同契》說它「形體如灰土，狀若明窗塵」。

玄黃煉成後，會塗抹在釜的鋪底和蓋頭，用作密封的材料。另一種藥物「六一泥」也是用來封口的。六一泥是用礬石、戎鹽、鹵鹹、礜石、牡蠣、赤石脂和滑石共七種材料製成的。先將七種材料搗碎，在鐵器中加熱九天九夜，再搗篩一遍，然後浸泡在酸性溶液裡。這種藥泥塗在釜口和釜身，可以防止大火加熱的時候釜身龜裂。

六一泥為什麼叫六一呢？最簡單的說，是因為總共使用七種材料製成，六加一等於七，那就乾脆叫六一泥了。不過，深一點來看，六一象徵著人類的七竅，因為生命有了七竅，產生感官的知覺活動，破壞了原初渾沌未分的純樸狀態，所以會邁向死亡。《莊子》中的寓言裡說過「渾沌鑿七竅死」，人類開始擁有知識和智慧，懂得善惡道德之後，就永遠被原初的樂園隔絕在外。丹藥的燒煉是為了成仙，成仙的目標就是回歸那混沌的原初樂園、魂靈的家鄉。密封釜的六一泥，因此象徵著封住七竅，擋住從出生之後就不停邁向死亡的生命之流。

④九轉還丹

經過這些準備工作之後，煉丹的關鍵環節終於來臨。傳說中的九轉還丹怎麼製作呢？九轉意味著九個循環，時間長度根據《九轉還丹經》和《琅玕華丹經》的說法約是一百天。這一百天可以分成好幾個階段，最初的六個階段每次烹煉九天，接著有一次的中斷期停火十天，最後一個階段長達三十六天不停火。

九轉還丹其實是把原料丹砂（硫化汞）加熱後，把汞分離出來，再把分離出來的汞加熱，變成氧化汞的過程。古代的道士看到固體的丹砂居然能變成水銀，水銀又變成丹砂，對這個現象非常著迷。唐朝的張九垓寫過一本《張真人金石靈砂論》，書裡面說還丹的燒煉反應是「朱砂生汞，汞返成砂，砂返出汞」。北周時期特別厭惡道教、寫〈笑道論〉批判道教的甄鸞，也知道道士們在做的事情是「燒丹成水銀，燒水銀成丹，故曰還丹」。

古代的道士們相信這種反覆變化還原的現象，證明水銀的本質是永恆不壞的，而且可以自由自在變化形體。它在常溫下是液體，火燒加溫後變成氣體，經過抽汞的蒸餾之後又會恢復成液體。因此道士們心想，如果真的有永恆不滅的生命，應該也是一樣的吧！這不只是太清丹經，同時也是絕大多數外丹冶煉經典的共同作法。

從現在的眼光來看，把金丹反反覆覆燒煉九遍，讓水銀不斷揮發再還原，其實內在的化學性質並沒有改變。這種丹藥吃下去只會讓人中毒，不會真的對身體有益處。水銀燒煉過程中產出的黃金色氧化汞，和玄黃法造出的氧化汞並沒有太大的不同。雖然黃金色的光澤很容易讓人誤以為是真黃金，但它頂多只能當作藥金拿去騙人。

六朝到唐代煉出藥金的人所在多有，因此市場上的商人也發展出一套技巧，能夠簡單辨識出誰在用假金銀騙人。比較尷尬的是，甚至連武則天賞賜給臣下的黃金，都曾經被發現火一燒就散發青黑色的氣體，可見不是真金。這件事讓武則天大失面子，懷恨在心，隨便找了個問題就把認出藥金的孟詵貶官外放。連唐朝皇室庫藏的黃金都可以發現

抽汞飛煉
（見：《丹房須知》）

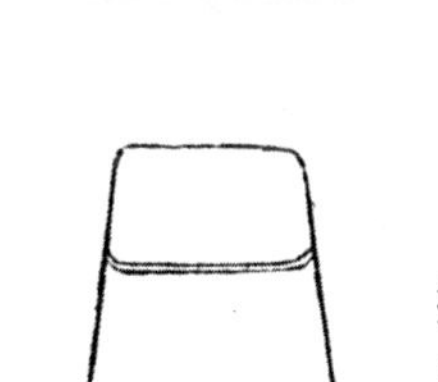

鍛水銀爐
（見：《圖經衍義本草》）

把九轉還丹的變化過程寫成化學式，大約是這樣：

$$HgS + O_2 \rightarrow Hg + SO_2$$

$$2Hg + O_2 \rightarrow 2HgO$$

煉丹術的成品，到底當時煉丹風潮多麼盛行、用藥金騙人的不肖之徒有多少，大概能夠想見了吧。

道教的煉丹術在化學發展的歷史上居功厥偉，畢竟不老不死的承諾太過誘人，要不然怎麼會有人願意花那麼大的精神，蒐集如此多種怪異的材料，不斷反覆拼湊、實驗，最後濃縮出幾個固定的步驟，重現某些特定的化學反應。不過，煉丹術對於金屬和礦物的癡迷，導致很多人服藥之後死狀悽慘。因此唐代以後，包含太清經典在內的各種煉丹術逐漸式微。它沒有消失，成仙的願望依舊存在，功夫當然也少不了。只是煉丹術的地位被內丹學繼承下去，從此在理論和操作方法上都轉往了另一個方向。

CHAPTER 7

冥界從無到有的歷史
——泰山治鬼和道教的酆都地獄

死人和生人親密的生活在一起

生命和死亡絕對是所有人類都無法逃避的永恆難題。道教擅長養生的技術，知道如何讓人延年益壽，甚至提出過很多辦法達到長生不死。那麼，我們是不是應該追問一下，死亡對於道教或者古人來說，到底意味著什麼呢？

這個問題的答案可能會讓很多人意外。在一般的教育體系裡，大多數人能接觸到的觀點，基本上都是在歌頌生命的價值，至於古往今來所有對死後世界的猜測和想像，幾乎都會被當成是迷信。最好的情況下，就是抱持著不可知論的態度，認為人類不可能知道死後的世界長成什麼模樣，無法知道人有沒有靈魂，也不曉得鬼神是不是真的存在。

從缺乏經驗證據的角度來說，這的確是事實。沒有人是死亡之後又再度復活的，當然也不可能有人能告訴我們關於死亡的可靠知識。即使有人宣稱他超越生死的界線，或者得到什麼從另外一個世界傳來的神祕訊息，我們都應該謹慎的審視它的真假。不過，如果我們真的相信遠古以來的人們都這麼富有理性的精神，都這麼講究客觀證據和知識的可靠性，那就大錯特錯了。古人跟現代人不一樣，他們沒有這麼多可靠的工具和理論來認識死亡，對於生命運作機制的知識累積得沒有這麼豐富，但是死亡是每天發生在所有人類身邊的事情，他們不可能沒有一套說法。而且這些看法可不是什麼哲學家提出的偉大理論，而是社會大眾共同默認的一套觀念。

商代的甲骨文出土之後，現代人手上突然多了非常多兩千多年沒人見過的記載，可以用來破解古代世界的鬼神之謎。對商朝人來說，活人和死人的界線是很模糊的。死去的人並沒有消失，他們就存在於活人的四周。生病的時候，商朝人要找祖先請教該怎麼治病；作惡夢的時候要趕快祭拜祖先，看是誰對不肖子孫感到不滿了，才會大發雷霆。水災和各種自然災害發生的時候，商王需要到宗廟裡請示自己的祖先們，看祖父、曾祖父還是哪位祖先有辦法處理。最遠甚至可以請到十幾個世代以前的祖先來出主意。

為了常常得到祖先保佑，商朝人會定期舉行祭祀，每一次祭祀的祖先都不同。從十七八代以前的老祖宗開始，一個又一個拜下來，最後總算拜到祖父、父親之後，過幾天又要按照順序從頭再輪一遍。一年三百六十五天，總有個幾百天的時間要拜拜。每次拜拜當然都會準備供品、酒水，所以商朝人經常在祭祀完之後喝酒。周朝人征服商朝之後，每次都教訓家裡小孩，千萬別跟商朝人一樣，每天喝得醉醺醺的，喝到國家都給滅了！但是，這也可以看出商朝人相信，人即使死去，他還是能用超自然的力量左右整個國家和活人的命運。即使眼睛看不到，活人和死人仍然非常親密的生活在一起。

活得越好的人，死後越有能力作祟

主要記載春秋時代歷史的《左傳》中，曾經寫下一段很有趣的對話。話說鄭國有名的宰相子產出使到晉國，晉國的大臣趙景子忍不住向這位博學多聞的宰相請教他懷疑很久的問題：「人死之後能夠變鬼作祟嗎？」原來晉國不久之前發生了一樁命案，晉國大臣伯有與駟帶發生爭鬥，伯有悽慘的被殺死在羊市裡。

奇怪的是，理論上伯有已經死透了，還是子產過去幫他收的屍。可是伯有的魂魄沒有消失，鄭國開始有人在晚上聽見伯有披著戰甲大聲吼叫，聲明要在三月二日殺死駟帶報仇，第二年的一月二十七日還要再殺掉另外一個仇人公孫段。恐怖的是，這兩段預言都應驗了！不僅駟帶死在三月二日，第二年的一月二十七日公孫段也離奇死亡。

這下子整個鄭國都炸鍋了，人心惶惶，不知道該怎麼安撫回來報仇的伯有之鬼。假如伯有要繼續殺死更多人怎麼辦？子產當然知道伯有身上發生的事，而且當年伯有被殺的時候，還是子產看在國家大臣不應該曝屍荒野的份上，特意按照禮節跑去幫他收的屍。或許只有子產是唯一有資格跟伯有之鬼喬事情的人了吧？難怪大家慌張地跑來找他討救兵。

子產悠悠的說，如果想平息伯有之鬼造成的災難，只有立他的兒子為大夫，給他找到一個歸宿才行。大家趕快依照子產的命令去做之後，伯有真的就不再作祟了。後來子產對趙景子說，人類剛出生的時候，這一副身軀叫做魄，而魄的精華叫做魂。人活著的時候吃得越好，用的器物越精緻，魂魄就會被滋養得越強壯。你們看一般平民老百姓死掉之後，魂魄都有辦法憑依在普通人身上作祟，何況是當過國家重臣、享用過富貴人生的伯有，他的魂魄一定更厲害了，想要回來報仇又有什麼奇怪的呢！

從子產講的話來看，人類連作鬼都還有三六九等的差別。活著的時候享受越多，死掉之後力量就越強，所以一介百姓活著的時候被剝削，死後一樣要被貴族割韭菜，根本連翻身的機會都沒有。這樣的世界還真是不平等啊！

子產講的話讓我們了解，春秋時代的人是怎麼看待死亡的。生命和死亡沒有絕對的分別，死亡的人像活著時候一樣繼續活動，他們也有七情六慾，也會享受祭祀的時候供奉的物品，即使肉身已經腐朽，還是有力量影響人間。這個時代還沒有產生「冥界」的想法，死後發生的一切事情，都只是同一個生活世界的繼續延伸而已。至於人的存在究竟是什麼狀態，當時的人也只能模模糊糊的用「魂魄」來認識人的生命與死亡。

魂魄的觀念繼續發展下去，逐漸形成一種簡單的二分法：實體的身軀是魄，而無形的精神是魂。人死之後，身體被埋葬在土壤裡慢慢地分解消失，這是無法改變的事實。可是魂就不一樣了。魂在身體死亡之後，反而沒有了束縛，能夠隨意地旅行，前往任何地方。

魂兮歸來！《楚辭》中的巫師招魂

漢代儒家學者討論禮儀的經典《禮記》中記載著，季札——沒錯，就是成語季札掛劍的那位守信用的季札——兒子死掉之後，他處理好葬禮，在墓旁哭了三聲，然後說：「骨肉歸復于土，命也。若魂氣則無不之也。」一個傷心欲絕的父親講出這段話來，感覺真的很複雜。一方面他告訴自己，兒子真的已經死了，埋到土裡，肉體不可能復活了。另一方面又在想，他的魂還能自由的活動，即使看不見、摸不到，也還在這個世界上活動著吧？可是他的魂會不會一晃就不知道晃到哪裡去了？這個世界那麼大，假如兒子的魂忘了回家的路，飄到天邊去了，那他這個父親想念兒子的時候，又該怎麼找他回來呢？

死去的人體魄已經在地下腐爛，但他的神魂還在四處飄蕩，或許還有機會聽見親人朋友講的話吧？不只季札有這種想法，《周禮》、《儀禮》、《禮記》都記載著一種「復禮」的儀式，是為剛死不久的人進行招魂。

「復禮」的過程比較簡單，在醫生確認死者死亡之後，家屬要攜帶一套死者的衣服，從東邊的屋簷爬上屋頂，面朝北方揮舞這套衣服，大聲地呼喊他的姓名，連續三次大喊「回來吧！回來吧！回來吧！」然後再把衣服拋給地上的人，蓋到死者的身上。假設魂的離開只是暫時的，那人們若能及時把魂給呼喊回來，讓它重回死者的肉體裡，死者說不定有機會能夠復活。

現在讓我們把眼光轉向南方的楚國，從《楚辭》的〈招魂〉來看看南方人的習俗。〈招魂〉是在招誰的魂，歷來有兩種看法。它可能是招投江自沉的屈原之魂，也有可能招的是楚王之魂。無論如何，都是深切眷戀著楚國，和國家命運密切相關的人。

〈招魂〉中，巫師巫陽接受請託，開始對虛空之中看不見的神魂呼喊著：

> 魂兮歸來！東方不可以托些！……
> 魂兮歸來！南方不可以止些！……
> 魂兮歸來！西方之害，流沙千里些！……
> 魂兮歸來！北方不可以止些！……
> 魂兮歸來！君無上天些！……
> 魂兮歸來！君無下此幽都些！

你看哪，這個世界多麼的恐怖！東方是十個太陽升起的地方，連大地都會被烤成焦土，有千仞之高的可怕巨人到處搜索並消滅人的神魂。西方全是沙漠，無盡的風沙狂暴的舞動，一滴水都沒得喝，一粒米都長不出來，一旦陷入漩渦狀的流沙就會被吸到土裡，永遠沉沒在地下不見天日。

南方有頭上刺著詭異花紋、長著黑色牙齒的蠻人在狩獵人肉，把人骨磨成漿滓來喝，到處都是像草叢一樣密集的毒蛇、狐狸，還有兇殘的巨型九頭蛇到處找人吞食。北方更是層層冰封的山脈，終年大雪，大地是一片永恆的白色。

天上是天帝的居所，九重天的關卡都守著虎豹猛獸，還有長著九個頭的巨怪，能徒手拔起九千棵神木，永不停止的追捕著膽敢上天的神魂。地下更不能待，那裡是大地之神宰制的領域，他的身體扭成九曲，頭上長著如刀鋒般銳利的尖角，還有三隻眼睛的虎頭怪獸，牠們都喜歡吃人。

既然東、西、南、北四方，還有天上地下都不安全，人類的魂還是趕快回來故鄉吧！楚國才是你安居樂業的地方，這裡為你準備好珍貴的綾羅綢緞，為你興建好高大堅固的屋宇，冬天溫暖，夏天涼爽，陽光中芬芳的蘭花在風中輕輕搖動，屋子裡面收藏著燦爛的奇珍異寶，美麗的女子已經替你收拾好休息的床鋪，你就回來吧！千萬不要在外面待著了，快回來吧！

雖然〈招魂〉是南方巫術習俗的表現，但是把人類死後的魂給留下來，這種儀式確定是存在的。到了漢朝以後，魂和魄的二分法漸漸定型下來，魄因為是有質量的、沉重的骨肉，所以歸屬於大地；魂是看不見的、往上飄盪的無形之氣，所以歸屬於天上。人類心智的精華是魂而不是魄，所以人死之後魄會變成鬼，魂會變成神。神又可以叫做「昭明」、「焄蒿」、「凄愴」，他們不會因為肉體的死亡而消失。

從墳墓裡爬出來的活死人

如果招魂儀式真的能把人的魂招回來，死去的人有沒有復活的可能呢？這不是在開玩笑。漢朝以前的生者和死者之間沒有非常明確的界線，從生到死或者從死到生的轉換當然是可能的。相較於肉體死亡之後生命終將歸於虛無的冰冷宇宙觀，至少在情感上，人們會更傾向死者可以復活的說法。

秦漢到魏晉時期墓葬出土的文物顯示，各地都不斷有死者復活的故事流傳著。天水的放馬灘秦簡〈墓主記〉就紀錄了一個名叫「丹」的人死而復生的奇妙故事。

丹是大梁人，大概是個好勇鬥狠的強壯男子。他因為持刀殺傷人而畏罪自殺，並在市集裡死去。三天之後，他的屍體被運到垣雍里的南門外埋葬。接下來的三年，丹就這麼長眠在土裡，正當所有人都逐漸遺忘丹的時候，詭異的事情發生了。

當時有一個人叫做犀武，推算丹的壽命，認為他陽壽未盡，命不該絕，所以把這件事情通報了掌管人壽的司命史公孫強。公孫強聽完犀武的推算，便派了一隻白色的狗跑到丹的墓穴刨土，最後把丹的屍體從土裡給刨了出來。

要知道丹的肉體已經在土裡腐爛了三年，不料這具屍體被刨出來後，竟然能夠活動?!當然這個丹的狀態很糟糕，他比較像沒有智力、全身破爛的殭屍，是一具渾渾噩噩的行屍走肉。

公孫強把丹送到城北一個姓趙的人家裡面，等到四年之後，丹才開始聽得懂很簡單的語言，並且辨認得出雞、狗、豬這些家畜的叫聲。接下來，他總算能吃人的食物了。可是他的皮膚黝黑，毛髮稀少，喉嚨留著當年的傷痕，四肢手腳還是非常僵硬。

丹活得人不像人、鬼不像鬼，根本就是個活死人，這種復活大概不值得期待。不過，曾經死過一回的丹，自從可以說話以後，就開始告訴大家很多死人才知道的事。比如說死人不需要穿衣服，在墳地祭拜的時候千萬不能隨便吐口水，否則鬼一下就跑了。在祠堂裡面祭拜的時候要好好打掃，不能把髒水潑到地上。還有，祭祀用的米飯不能用羹湯去淋，否則鬼是不吃的。

關於「丹」死而復生的志怪故事（舊題：墓主記），可見於出土的《天水放馬灘秦簡》（藏於甘肅省文物考古研究所）。

恐怖！棺材裡傳出的呼救聲

像丹一樣死而復生的故事在漢代層出不窮。《後漢書》的〈五行志〉記載，漢獻帝初平年間（公元一九〇－一九四年），有一個長沙人姓桓，死了一個月之後，他的媽媽突然聽到棺材裡面發出喊叫聲。雖然嚇得不輕，但是媽媽還是為了兒子把棺材板打開，這個姓桓的人竟然就復活了。

另外在漢獻帝建安四年（公元一九九年），武陵充縣有一位六十多歲的老太太李娥過世。家人造了一個杉木製的棺材，葬在城外好幾里的墳地。下葬兩個禮拜之後，路人竟然聽見有人在棺材裡大喊救命。這毛骨悚然的聲音催促路人去找李娥的家人。果然一打開棺材，就發現李老太太活了過來。

《後漢書》畢竟是歷史書，裡面的記載比較簡略。干寶編寫的志怪小說《搜神記》收錄了一個擴充版的李娥故事，情節要豐富生動得多：

話說李娥死了十四天之後，她生前的一個鄰居蔡仲不懷好心，想要盜墓挖一些值錢的東西出來。蔡仲偷偷準備了一支斧頭，趁著夜黑風高來到墓地，準備打開棺材。蔡仲掄起斧頭才劈了幾下，忽然聽到李娥在棺材裡面叫他：「蔡仲！你劈棺材的時候別劈到我的頭啊！」蔡仲當場嚇得屁滾尿流，盜墓也顧不得了，連滾帶爬跑回家。他被嚇得心神不寧，整天探頭探腦發神經，很快縣吏就察覺他怪模怪樣，有什麼事情不對勁，派人把他抓起來關到監獄裡。

蔡仲被關起來之後，不得不交代他盜墓的經過。李娥的兒子聽說媽媽居然復活了，就去墳地打開棺材，把媽媽接回家去。這下可好，死人復活的事情立刻傳遍鄉里，最後驚動武陵太守過來打聽這件奇聞。李娥這時候已經能夠正常說話，她緩緩說出死掉之後遭遇到的事情：

她剛死掉之後，才聽說自己命不該絕，是司命搞了個大烏龍召錯人了。這個司命也挺不負責的，沒有安頓李娥，就放她自己離開。李娥這個剛變鬼的活人也不知道該怎麼辦，只能在路上亂晃，好巧不巧在西門外碰到之前過世的表哥劉伯文。表哥看到李娥也驚呆了，連忙問她怎麼會在這裡。李娥連忙跟表哥訴苦，說司命雖然放她離開，但是她都死十幾天了，屍體早就被埋到土裡，就算回去自己身體又怎麼可能出得了棺材？劉伯文想辦法聯繫到守門的警衛，終於把李娥的狀況告訴尸曹。這個管死人事情的官員倒是比司命親切得多，他告訴李娥，今天剛好有另外一個抓錯的人叫作李黑，你可以跟他結伴一起回去。然後交代李黑在還陽之前，先去鄰居蔡仲的家，想辦法讓蔡仲去把李娥挖出來。

原來蔡仲真的是「鬼」迷了心竅才會去盜墓啊！

《牡丹亭》的大前輩：唐父喻和王道平的生死之戀

干寶蒐集這些復活的故事，不只是把它們當成茶餘飯後閒聊的有趣素材而已，而是因為他曾經親眼見證死人復活，而且還不只一個！他父親的一個小妾，還有他的大哥都是死而復活的案例。干寶驚嘆之餘，不得不相信死人真的能夠還魂，因此用《搜神記》一整卷的篇幅記錄下當時流傳的各種復生故事，其中有一個王道平妻的故事相當感人：

相傳秦始皇的時代有一個長安人叫做王道平，小時候和一個女孩子唐父喻青梅竹馬，感情非常深。兩個人發誓長大之後一定要結婚，兩家人也同意了。但誰也沒料到，王道平成年之後，官府因為要打仗，就把他徵召到軍隊裡去南方作戰。這一去就是九年。當年又沒有郵件、電話可以聯繫，再加上兵凶戰危，連續九年失聯的王道平早就被當作一個死人，沒有人再提起這段往事。

唐家心想，王道平既然已經死了，自家女兒總不能不嫁人吧？所以父母作主把她嫁給劉祥為妻。唐家女孩雖然不願意，但是王道平生死未卜，又拗不過父母催促，最後只好嫁了劉祥。結婚之後她悶悶不樂，陷入憂鬱，三年之後終於在抑鬱中去世。

偏偏就在唐父喻死後，被大家認為埋骨異鄉的王道平卻活著回來了。人生能有幾個九年？

尤其是在隨時可能死去的戰場上，王道平唯一的心靈支柱只有唐父喻。王道平安全返鄉後，立刻就想去找他心心念念的女孩。誰知道這命運未免也太會作弄人，王道平離家九年，青梅竹馬不但早已嫁為人婦，而且憂鬱而死，這麼多年壓抑的情緒終於爆發。他趕到女子的墳墓前大哭，一直叫著她的名字，繞著墓旁轉，就是不肯離開。王道平眼淚都流乾了，不得不停下來在墓前祈求：「我和你曾經發誓一定要永遠在一起，誰知道這世道不太平，把我們給拆散了這麼多年，連死前我都沒機會見到妳最後一面。我好想見到妳，如果你還聽得到我講話，拜託妳讓我再看看妳的臉。」

奇蹟發生了。一縷魂氣從墳裡幽幽地冒出來，似有若無的顯現出唐父喻的面容。她對王道平說：「當年你離開之後，我被爸媽逼著嫁給了劉祥。我嫁給劉祥這三年裡，沒有一天不想念你，所有人都說你死了，叫我想開一點。我好恨啊，這樣的人生太痛苦了，死了倒也清淨。現在我們人鬼殊途，原本是不應該再在一起。但是看你對我的思念這麼深，我才能現身告訴你，我的屍體還沒毀壞，只要你現在開冢破棺，我就能夠復活。」

王道平連想都不想就把棺材劈開，把女子的屍體抱出來。劉祥聽到不禁心想，先不說自己老婆死而復活這種事是真是假，自己一頂大綠帽子戴得穩穩地，怎麼能就這樣算了？於是劉祥告上官府，主張王道平要還他老婆。官府查明案情之後感到十分為難，因為這種死人復活的事情到底該用哪一條法律來斷案，翻遍律典也找不到一條適用的法條。最後縣官不敢自己下判斷，只好把案子上奏天子。天子喜聞樂見地把女生判給王道平為妻。有情人終成眷屬。

雖然只是志怪小說，但是王道平對女生用情這麼深，看著看著還是不禁有些感動。

當然不是所有古代人都真的相信死人可以復活，但是自從漢代魂魄二分、各有歸屬的觀念成形之後，一般人顯然認為神魂脫離肉體之後繼續存在。他們去了哪裡？總得去某一個地方吧？只是誰也說不清楚這個地方在哪裡。這個時候中國還沒有產生明確的冥間觀念，也還沒有人死之後會投胎轉世的想法。一直要到泰山信仰成型以後，古人才確定死去的鬼不只是抽象的回到大地，而是去了泰山。

泰山治鬼

先秦時代的人還沒有天堂、地獄的概念，生者和死者幾乎是活在同一個世界裡，死後的生活也是生前的延伸。不過，《楚辭》的〈招魂〉已經提到有天帝居住的「上天」和大地之神居住的「幽都」。他們還經常用「黃泉」來稱呼死者居住的地方。

黃泉並不是什麼優雅舒適的居所。它就在人們腳下踩踏的土壤下面極深極深之處。人們都知道挖一口井，裡面會有地下水湧出。黃泉也就是這樣一個地下深處，陰冷、潮濕、幽暗的悲慘地方。

《左傳》有一則知名的黃泉故事。當時鄭國的國君是鄭莊公，他在出生的時候和一般嬰兒不一樣，是雙腳而不是頭部先生出來。因為是逆著生的，媽媽在生產的時候難產，非常痛苦。所以鄭莊公的媽媽一直不喜歡大兒子，偏愛小兒子共叔段。就算鄭莊公成年即位，他媽媽還是暗中策劃要發動政變，把大兒子拉下來，讓小兒子繼承王位。

這些事鄭莊公心裡當然清楚。但是媽媽和弟弟還沒發難，他不能夠動手剷除自家人。所以他放任弟弟招兵買馬，把弟弟的胃口越養越大，最後在弟弟打算造反之際趁勢出擊，一舉擊潰母親的所有勢力。他痛恨母親的偏心，發下毒誓，除非未來死後到了黃泉，否則絕不再見母親的面。後來鄭莊公還是後悔了，他的大臣潁考叔給他出了個主意，挖條地道和母親在地下見面，這樣就不會破壞當年立的誓言，又能和母親和好。

重點是，黃泉原本就是指我們所站立的土地下方，不是人間以外的獨立世界，更不是什麼超自然力量創造的神奇領域。

不過事情開始發生了變化。戰國時期大量宣傳長生不老藥和鍊金術的方術士們，開啟了一個大求仙時代的浪潮。各種海外仙山、蓬萊仙島的傳說，還有羽化飛升的美好想像進入人們的腦海，尤其是皇帝的腦袋。

方術士們說，黃帝曾經在泰山頂上舉行封禪儀式，這時飛龍從天而降，黃帝登上了龍背，很多隨從的大臣和宮女一起和黃帝白日昇天，成為不死的仙界居民。漢武帝相信了封禪的故事，於是動員國家的力量準備籌辦一場屬於他自己的封禪典禮。他在公元前一一〇年朝覲泰山，並且祭祀了黃帝。當然，漢武帝最後沒有實現他的願望。

雖然連大漢帝國的皇帝都沒有成仙，這種崇拜卻徹底翻轉了漢朝人對於死後的想像。泰山的地位隨著封禪典禮的舉行水漲船高，開始扮演至關重要的角色。大約在公元一世紀末，一種冥界的新觀念開始流行起來，人們相信死後世界有一位最高的統治者「泰山府君」，他的宮殿位於東嶽泰山附近一個名叫梁父的山峰上。漢朝墳墓中出土的石刻銘文經常會提到這位統治一切亡魂的陰間主宰，稱他為「泰山主」或是「地下府君」。人死後的歸宿不再是黃泉，鬼魂無一例外要集中到泰山，泰山府君則像是天子一樣，負責管理陰間的鬼魂。

《後漢書》的〈烏桓鮮卑列傳〉在討論北方遊牧民族的死後信仰時，就曾經拿泰山來做類比。烏桓人死後，家屬會拿他生前的衣服和他乘坐的馬匹，用火燒掉送給他，並祈求死者之魂回到他們的歸宿赤山。如果說這座赤山屬於烏桓人的冥界，泰山就是屬於中國人的冥界。

改寫生死簿

《列異傳》裡有一個「蔡支妻」的亡者復活故事，裡面就添加了泰山府君治鬼的新元素。這個故事說臨淄城有一個人叫做蔡支，是一個小縣城裡的政府官員。他曾經奉命要送信給太守，但是走著走著，來到泰山腳下的時候忽然迷了路。迷迷濛濛之間，蔡支看見前方有一座城池，以為太守就在這座城裡面，於是走了進去。

城池裡面守衛森嚴，但是蔡支來辦公務，也不懼怕，一路通報，最後來到城裡最高等級的官員面前。蔡支被招待吃了一桌酒菜，對方還請託他幫忙送一封信給他外孫。蔡支問：「您的外孫是誰啊？」他說：「我是泰山神，我的外孫是現任的天帝。」蔡支當場傻眼，到現在他才發現他來到的地方根本不是人間。

人都來了，蔡支只好硬著頭皮答應，騎上泰山神幫他準備好的馬匹，往天帝的宮殿出發。不一會兒，他來到了一座宮殿前，上頭寫著「太微天宮」。這可不得了，蔡支在不知不覺間已經飛上天去了！天帝左右的侍臣雲集，排場跟人間的天子差不多。天帝對蔡支很客氣，又免費招待他吃了一桌好酒好菜，兩杯酒喝下肚，蔡支膽子也大了，和天界大神們沒有距離的聊了起來。

席間天帝問起他家裡的情況。蔡支有點難過地告訴天帝，他的父母和妻子都已經過世一段時間，自己沒有再婚，現在是自己獨居。說著說著，蔡支感覺胸口一陣翻湧，一時間說不出話，低下頭來凝視著自己的杯子，桌上的氣氛瞬間就冷了下來。天帝見狀，便轉頭問旁邊的人說：「蔡支的太太過世多久了？」旁邊這位官員來頭也不小，是天曹的戶部尚書，當下就回答天帝：「過世三年了。」天帝就下令，請司命把蔡支妻子的名字從亡者名簿改登記到生者名簿去。

等蔡支回過神來，他又回到了泰山腳下，剛剛發生的一切好像作夢一樣，這一趟天界之旅太超現實，但是又深刻的歷歷在目。他渾渾噩噩，也搞不清楚自己是怎麼回來的，但是總記得和泰山神與天帝的一番對話，於是急忙回去把妻子的棺材打開。這一看不得了，妻子真的活了過來，過了一段時間就能勉強坐起來講話。最後蔡支帶著妻子一起回家，恢復了夫妻倆平凡幸福的小日子。

打破生死壁差點殺光自家子孫

說到跟泰山府君相關的故事，當然不能漏掉干寶的《搜神記》。《搜神記》有一個胡母班的故事，也跟泰山府君讓亡者復生有關。

這位胡母班從小住在泰山附近，平常在山邊走慣了。沒想到有天走著走著，一個身穿紅衣的侍者把他叫住說：「泰山府君有事要召見你。」胡母驚訝過度，腦袋還轉不過來，恍神之間跟著紅衣侍者走了幾十步距離，突然在一個眨眼之後，眼睛看到的景色已經換了一個世界，泰山腳下的樹叢突變成一座巍峨的宮殿，在透出雲層的光照下金光閃爍，守衛隊儀仗森嚴，讓人不敢造次。

胡母班在侍者引導下進入宮殿，拜見了這裡的主人泰山府君。泰山府君倒是很親切的招待他吃飯，然後對他說：「這次請你來，沒有別的事情，就是想拜託你幫忙送個信給我女婿。我女婿是河伯，你只要在船上敲響船板，叫青衣侍者出來，自然有人會跟你接洽。」胡母班哪裡有不答應的道理，滿口應承之後，接過信件，侍者請他閉眼，再睜開眼睛的時候，已經站在原來的山腳下。

胡母班謹記著泰山府君的囑託，往西邊走到黃河畔，依照教導呼喚了青衣侍者，河水水面忽然擾動起來，一名穿著青衣的女侍從水裡走出來，接過信之後又降到水底。過一陣子女侍再次出現，請胡母班閉眼，再睜眼的時候果然已經離開原本的世界，來到了河伯的水中宮殿。胡母班送完信之後，河伯為了感謝他，同樣留他下來吃飯。這些遭遇和他在泰山府君宮裡差不多，就不多說了。

胡母班接下來在首都長安待了很長一段時間，一年之後才回老家。總算回到泰山時，想起應該回報泰山府君，於是敲敲樹幹呼喚青衣侍者。青衣侍者引導他入宮，泰山府君聽完回報，準備送胡母班離開。離開前胡母班在泰山宮殿上廁所，忽然看到廁所外面排隊排了好幾百人，他已經過世的爸爸赫然也在行列裡面，身上和重刑犯一樣戴著頸枷腳鐐。

胡母班大驚，衝過去抓著父親問他怎麼會變成這樣？父親說：「我死掉三年，在這裡做苦力兩年，真的好苦啊。既然你認識泰山府君，你趕快去幫我求情，免掉最後一年的苦力，讓我去做個社神吧。」胡母班一聽，立刻跑回去跟泰山府君磕頭求情，泰山府君警告他生人和死人屬於不同世界，不應該靠近，不然一定會有災難。但是，所有禁忌都是用來被打破的，這次也不例外。胡母班執意懇求，終於凹到泰山府君改派父親去作社神。

不過，不出意外的話就要出意外了。胡母班回家大約一年之後，兒子莫名其妙地陸續死掉，沒有一個活得下來。胡母班又心痛、又害怕，只好厚著臉皮又跑來找泰山府君，泰山府君大笑：「我早告訴過你了吧！你不聽嘛！」不過泰山府君還是好心的把胡母班的父親召過來，問他為什麼害得胡家子孫快死光了？父親的回答讓人哭笑不得：「因為我終於不用再做苦力，又有家人祭祀的酒食，過得很開心。然後我開始很想念自己的孫子，所以就把他們都叫過來了……」泰山府君痛罵他一頓，把他的社神職位開除了，另外找人替換。胡母班再次回家，此後胡家就不再死人了。假如這位糊塗的老父親長點腦袋的話，生死異路或許也不是完全行不通……吧？

連無神論者都信的亡靈託夢

《列異傳》還有一個蔣濟之子的故事，同樣能夠凸顯泰山作為陰間大本營的地位。蔣濟是一名禁軍將領，同時是一名堅定的無神論者。他的兒子早死。有一天，蔣濟的太太夢到死去的兒子來託夢，兒子告訴媽媽：「我死掉之後擔任泰山府君手下的小官，工作又多，又常常被長官刁難。想我活著的時候身為領軍之子，過得多愜意，現在實在死不如生啊。眼下我終於有個機會可以換個涼缺了。皇家祠廟西邊住著一個人叫作孫阿，不久之後就會死掉，受天庭徵召擔任泰山令的工作。他有指派人（鬼？）事的權力。請媽媽趁孫阿還活著的時候去幫我求情。」

蔣媽媽醒來之後，把兒子託夢的事情告訴蔣濟。蔣濟不接受這些怪力亂神的說法，覺得只是妻子太過傷心，日有所思，夜有所夢，就安慰太太讓她回去休息。

當天晚上，蔣媽媽又做夢了，這次兒子氣急敗壞的哭著找媽媽說，「孫阿明天中午就要被徵召了，你不趕快去找他的話，我換工作的事情就沒指望了！我知道爸爸不信這一套，所以才找媽媽託夢。我現在告訴你孫阿的長相特徵，請你一定要為我再試一次。」

第二天蔣媽媽再一次找蔣濟說：「雖然作夢不足為憑，不過夢裡面講得這麼真切，你為什麼不試試看呢？反正找到人之後，如果夢裡講得不準，也沒壞處嘛！」蔣濟也不知道是被說動了，還是單純想安撫太太，總之還是派人去找孫阿。沒想到一問之下真的有孫阿這個人，而且跟夢裡描述得一模一樣。蔣濟這才後悔，覺得自己差點辜負死掉的兒子。

孫阿個性剛毅，並不怕死。聽到自己不到一天之內就要死去的消息，一點都不害怕。孫阿問蔣濟，如果真的他被徵召做泰山令，要給蔣濟的兒子派個什麼職位？蔣濟說：「什麼職位都好，只要是個事情少的爽缺就行。」當天日中，蔣濟果然暴病身亡。一個月後，兒子又給媽媽託夢說，已經被改派去做文書紀錄，現在過得很輕鬆。蔣濟一面感嘆亡兒不幸，但又慶幸人死後有知。

前面這些被志怪傳奇記載下來的故事，反映出漢朝到魏晉時期的人們相信，泰山是生魂死靈的歸宿之地，由泰山府君所治理。死後世界的運作邏輯，其實和活人的世界沒有太大的差別。一樣有天子掌握著統治的最高權力，有不同品級的官員執掌陰間的事務，有一般的平民百姓執行勞役的工作。陰間的官僚組織和陽間一樣，有小官吏處理各類雜務，並且需要郵務人員遞送公文。特別是陰間的世界雖然也有自己的法律，但是和陽間一樣講究人際關係，有關係的時候可以求情，必要的時候可以透過喬事情的方法來達成願望。無論是活人還是死人，做人情和還人情都是生活中必不可少的。

人死後同樣有親屬長幼、有結婚嫁娶、有貧富差異。死去的人一樣會吃飯、喝酒，一樣有七情六慾、吃喝拉撒。陰間的鬼並不會因為死亡而過得蒼白黑暗的淒慘生活，決定死後生活好壞的關鍵和陽間一樣，取決於官位和人脈。人死之後不必然經歷某種精神的洗滌昇華，讓心智轉換成和生前不同的狀態；唯獨生者與死者殊途異路的戒條，仍然在某種程度上反映出人類對於死亡世界的畏懼，對於那種既與自己曾經親熟相似、卻又本質上相異的事物，可能蘊含著恐怖禍害的疑慮。

酆都原本只是仙人清修的福地

現代人或多或少曾經聽說過酆都的名號，認為道教的冥界所在地就是酆都。不過，很少人知道酆都原本跟冥界無關。在道教的傳說中，酆都原本是西漢王方平、東漢陰長生兩位仙人在世時的修仙和得道之地，是清修的寶地，有神明的護佑和降福，與冥界無關。

王方平是東海人，生活年代約當東漢桓帝時期。桓帝聽說王方平精通天文、讖緯，能推算國家氣運、九州吉凶，便派人徵召王方平。王方平不願出山，但一屆草民又怎麼能違抗皇帝的意志呢？在桓帝派遣「使者」的敦促之下，王方平「被自願」前往京師。他一路保持沉默，到達皇宮之後在門上題寫四百字，用神秘的讖語預告未來。桓帝一不高興，就叫人把門上的字給削掉，這才發現墨水竟然已經滲透到木門深處，即使外皮削掉之後，內裡的字跡還是鮮明如新。

王方平回家之後，住在太尉公陳耽替他修建的屋裡，一待就是三十多年。他待的地方好像受到什麼力量的護佑，不只他自己，連陳家上下都沒病沒痛的，雖然外邊世界大亂，陳家卻始終安穩度日。王方平最後以尸解方式離世，一百天後陳耽也隨之離世。在道教的神仙系統中，王方平得到的道位稱西極西城真人，領仙士萬五千人，鎮青城山九仙寶室之天。而傳說中王方平得道之處，就是重慶酆都縣不遠處的平都山。

陰長生的情況也很類似。傳說他是東漢皇后的親戚，聽說有一位馬鳴生是得道之士，懂得仙人安期生所秘傳的金丹之術，因此前去拜師。他前後在馬鳴生門下待了二十幾年，什麼丹藥都沒見過。馬鳴生平常從來不談學道，只談俗事，陰長生成天只能和十二位同學幫忙打掃環境、操辦雜務。二十多年下來，同學一個個心灰意冷，覺得自己只是被當成工具人，最後只剩下陰長生還留在師傅身邊。

馬鳴生看弟子只剩一人，總算告訴陰長生說：「留到最後的才是學道之士」，立壇與他歃血為盟，傳授太清神丹之術。陰長生在平都山煉成金丹之後，服藥昇天。

王方平、陰長生兩位仙人在平都山成道的傳說，讓當地成為道教七十二福地中的第四十五福地。三國時期在巴蜀、漢中成立的五斗米道教團，也因為平都山的名氣很旺，於是在二十四治的行政區劃之外新設了第二處的「遊治」，讓當地成為道治管轄的領域範圍之一。但是，這些都與酆都的冥間屬性無關。酆都至少要等到好幾百年以後的唐朝，才正式取代泰山成為道教的冥界，時間比大家想像得晚很多。

酆都如何從福地變成鬼域？

唐代初年，酆都山上蓋起了一座仙都觀，專門祭祀王方平和陰長生。中唐宰相段文昌曾經在貞元十五年（公元七九九年）到當地旅行，三十多年之後重遊故地，捐錢整修已經有點殘破的仙都觀。他在整修道觀時所寫的記文中，只寫到王、陰兩位仙人，一個字都沒提到這裡是鬼域和冥界。

如果說段文昌畢竟是俗家人，不算道教內部人士，那麼時間再晚一點，五代的杜光庭可就不同了。他是唐朝道教宗師司馬承禎的第五代傳人，在唐朝尚未滅亡前跟隨唐僖宗入蜀，留駐成都修道。等到唐朝滅亡，統治四川的前蜀國重用杜光庭，封號「廣成先生」，使他在當時被尊稱為「傳真天師」，又因為對國政有莫大的影響力，所以又譽為「山中宰相」。

杜光庭也曾經到酆都遊歷，他寫詩紀念這趟旅程，同樣稱頌王、陰兩位仙人成道的事蹟，並且隻字不提冥界之說。他另外又提到丙寅年（九〇六年）自己在酆都獲得《太上洞玄靈寶素靈真符》三卷，有起死回生、召喚風雨、驅役鬼神、鞭策虎狼的神通妙用。雖然這可以突顯酆都確實有道教傳承的痕跡，但是連杜光庭都沒提到酆都與冥界有關，可見酆都被認為是鬼城，真的是很晚才發生的事情。

那麼，酆都是在什麼機緣下和鬼域聯繫起來的呢？前面提過，傳說中天師張道陵曾經設立二十四治，這是一種宗教性質的行政區劃，用來治理四川、漢中一代的五斗米道信徒。相傳在道民信奉天師之前，四川曾經是各種巫鬼橫行之地。《漢天師世家》和《歷世真仙體道通鑑》

都有記載張天師伏鬼鎮龍、改造鬼城的事蹟。當時號稱有八部鬼帥，名字分別是劉元達、張元伯、趙公明、鍾子季、史文業、范巨卿、姚公伯、李公仲。他們率領五墓之鬼、伏屍之鬼、攻食之鬼等各路鬼眾分形變化，混入一般人群之間，伺機散播毒疫蠱害，殺人無數。

擒賊先擒王，張天師為了平定四川鬼亂，在漢安二年（公元一四三年）帶著法器前往青城山，施展道法摧毀鬼城，降伏八部鬼帥，接著又鎮壓六天魔王，敕命鬼帥魔王在青城山下誓盟不再騷擾人間。六天鬼王歸於北酆，八部鬼帥則被竄逐於西域。鬼、魔之間願意歸順天師者，像張元伯、趙公明，便受封為「忠信立雷府直符」和「威直充玄壇大將」，成為天師的直系部屬。張天師既然降服了巴蜀鬼道，便號稱「百鬼之主」，甚至五斗米道剛入道的信眾，也被稱為「鬼卒」、「鬼兵」，有管理職的中階信眾則號稱「鬼吏」。

在這些傳說裡面，「北酆」和「鬼」第一次發生聯繫。只是這裡說的「鬼」並不是指人類死亡之後的狀態，鬼眾盤據的區域也都和真實世界重疊，甚至他們和一般凡人混雜生活在一起，而不是另外有一個屬於死者的世界，所以和我們想像中的冥界有很大一段距離。但是酆都和鬼畢竟因為這層緣份而被聯結了起來。

酆都山的六天鬼神之宮

酆都和鬼眾被連起來，還有一個很重要的中介概念，就是「北方」。前面說過六天鬼王被張天師降服後，歸於北酆。在五行和方位的值配關係中，北方屬水，干支屬癸，顏色屬黑，季節屬冬。因為萬物在秋季凋零、冬季死亡，一向容易被聯想到黑暗籠罩、純陰無陽的鬼邪所居之地。這也難怪在魏晉南北朝時期，道經開始為酆都賦予了北方鬼戶死氣的內涵。

在題名為仙人王方平傳授的《上清天關三圖經》裡，道教首次將酆都視為亡者必經之地。書中說：

> 酆都山在北方癸地，故東北為鬼戶死氣之根。……山上有六宮，洞中又有六宮，一宮周迴千里，是為六天鬼神之宮。

酆都山上的六座宮殿由「北帝」所治理，第一座宮殿叫做「紂絕陰天宮」，第二「泰殺諒事宗天宮」，第三「明晨耐犯武城天宮」，第四「恬照罪氣天宮」，第五「宗靈七非天宮」，第六「敢司連宛屢天宮」。這六座宮殿是亡魂進入死者世界時必須經過的關卡。如果有人懂得學道，懂得北斗注死、南斗注生，可以堵塞東北死戶，開闢南極之宮，走向長生之途。

另外，洞中六座宮殿的名稱則是「休明總靈洞天宮」、「玄司重正宗虛天宮」、「統仙升靈希微天宮」、「正真邵靈宛司天宮」、「雲樓玉紀明朗天宮」、「崇虛赤暎雲由天宮」。這六座洞中宮殿就跟洞天一般，是神靈居住的神聖場域，不是一般鬼魂能夠闖入的地方。在這些宮殿的北邊石壁上，刻印著萬神玉帝留下的銘文，能夠制御萬神之靈，也因此具有校訂生死簿籍的權能。

從這些道經的記載可以看出，酆都、北方、北斗、鬼戶、死氣、黑色、洞天、鬼神這些原本互不干涉的觀念，現在一起被串聯起來了。早期泰山治鬼的職能逐漸被轉換到酆都，六朝高道陶弘景在註解《上清天關三圖經》的時候察覺泰山和酆都的職

酆都六天宮（見：《上清天關三圖經》）

酆都北壁玉清刻石隱文（內銘，見：《上清高上滅魔玉帝神慧玉清隱書》）

能重複，於是發展出一套自圓其說的理論。

陶弘景認為酆都是北酆鬼王斷罪之處，大概和佛教所說的地獄相當。北酆鬼王又叫北大帝，大概就是閻羅王。不過世界上到處都有地獄，泰山、黃河、大海都有地獄，東北游牧的烏桓人死後的歸宿赤山也是其中一個地獄。不過酆都的職權是最高的，相當於陽間的中央政府。人死後一定都要先到總領亡者審判的酆都報到，經過調查斷罪之後，冥界的官吏會把斷案文書

酆都大帝，又稱「酆都北陰大帝」
（清人繪製畫像）

送達各地山河湖海的地獄，交代當地冥司依法行政。這些地方性的地獄相當於陽間的州縣政府，應該聽命於酆都北帝的判決。

至於在酆都六宮中擔任鬼職的神明都是古今聖賢，比如酆都北帝是炎帝擔任，鬼官北斗君是周武王姬發，西明公領北帝師是周文王姬昌，南明公是周邵公，大禹之子夏啟是東明公領斗君師，北明公是季札。不過根據這個職位表，姬發的地位僅次於北帝，比他的爸爸姬昌還要高，似乎有點不符合漢族的長幼秩序。不知道陶弘景有沒有考慮過，這兩個人的位置是不是調換一下比較合理？

酆都與佛教地獄的關係

酆都在六朝道經裡首度被稱為鬼城，酆都山上有完整的政府單位和宮殿名稱，形成一個層次分明的體系。不過這套說法是一個想像中的系統，屬於道派內部的看法，在當時的社會大眾間還沒有普及開來。至少唐代的段文昌和五代的杜光庭都沒有想要把現實中的酆都塑造成亡魂歸宿的場所。酆都徹底取代泰山而成為知名的地獄，應該是宋代以後才發生的事。

這裡還有一件事情很重要：中國古代的冥界原本不等於佛教所謂的地獄。我們現在認知中的地獄，有刀山油鍋、牛頭馬面，在世時亂說話的人會下拔舌地獄，犯下各種罪孽的人會被罰下寒冰地獄、飢餓地獄，或是受割裂肢體之刑。目連救母的故事裡面，他的母親生前作惡多端，被罰下地獄變成餓鬼，即使目連拿食物供養，一碰到嘴邊也會化為灰土。這些地獄中的種種奇怪刑罰和受苦鬼魂，一方面殘忍、冷酷，一方面畫面生動、想像力縱橫馳騁，能引起關注。至於中國古代死而復生的故事雖然有趣，但是對死後世界的描繪可沒有這麼精彩刺激啊！

酆都一開始在道經中的樣貌，跟佛教的地獄還是很不一樣的。因為這時候道教的冥界觀念還沒受到佛教文化的影響。冥界的形象被改造成佛教的地獄，一開始可以說是佛教僧人無心插柳的結果。

佛教徒在傳法的時候，第一步是把印度的梵文經典翻譯成漢文。那麼，原本沒有地獄觀念的漢文，要怎麼樣才能表達地獄的意思呢？翻譯僧為這個問題苦惱的時候，發現漢朝以來都認為泰山是亡魂要前去的地方。那好吧，就決定把地獄翻譯成泰山了！

這件事情發生得很早。在三國時期吳國康僧會翻譯的《六度集經》，形容地獄有「太山湯火之毒、酷裂之痛，餓鬼飢饉積年之勞，畜生屠剝割截之苦」。這句話中的太山就是泰山。

安世高翻譯《佛說分別善惡所起經》在解釋六道輪迴的時候說，眾生輪迴的第五道叫做「泥犁」，又叫做「太山地獄道」。其實「泥犁」就是地獄的音譯，所以他也把地獄叫成是泰山。竺佛念翻譯的《出曜經》勸人學佛，說眾生陷入六道輪迴之中，即使「生為天受天之福，福盡還入泰山地獄」，也是把地獄直接叫做泰山。

這樣一來事情就變得有趣了。「泰山」被當成「地獄」的翻譯詞彙，一旦大家經常使用，佛教對地獄的描繪就漸漸滲透到「泰山」裡面，進一步再滲透到與泰山相當的酆都鬼城。於是陶弘景順理成章的認為，酆都大概就相當於佛教說的地獄，北帝等於閻羅王。佛教和道教的概念就這樣被嫁接起來了。

到了唐朝，佛教甚至吸收了道教的觀念，發展出一套「地獄十王」的系統。這十王中的第七王是「太山王」，也就是泰山治鬼傳說的變形。即使佛教幫太山王掛上了藥師如來的名號，這套系統內仍然可以發現明顯受到古代道教冥界觀影響的痕跡。

於是酆都首先是死者歸去的冥界，然後又取代了泰山的地位，最終再融合了佛教文化的影響，成為道教的地獄。

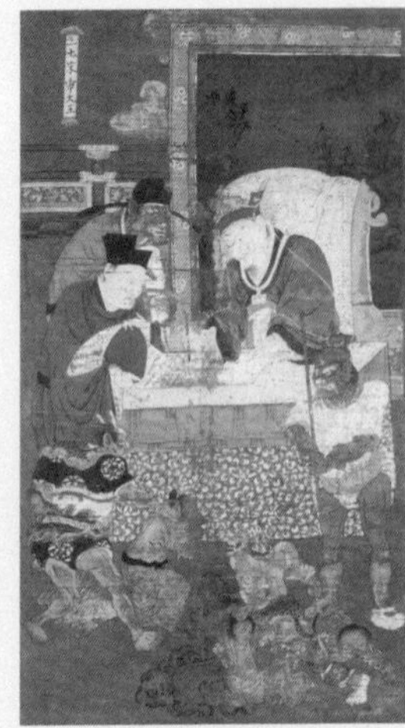

〔南宋〕陸信忠，《十王圖》。

上圖，由右至左依次為：一七秦廣大王、二七初江大王、三七宋帝大王、四七伍官大王、五七閻羅大王、六七變成大王。
右側大圖：滿七泰山大王。
下圖，由右至左依次為：百日平等大王、周年都市大王、三年五道轉輪大王。

（圖片來源：wikimedia commons, public domain。原圖為設色絹本，金泥，掛軸，83.2 × 47(cm)，藏於日本的奈良國立博物館）

CHAPTER 8

道教也有世界末日嗎？——救世主李弘的降臨傳說

道教也有世界末日？

道教相信有世界末日嗎？在道教的世界裡，這個問題不是很常見，每個人的說法都不太一樣。很多人覺得道教好像不太宣揚末日的降臨。至少走在街上，你不會在電線杆上看到道教張貼宣傳標語：「天國近了」、「世界末日快到了」；也不會看到衣衫襤褸的流浪漢舉著牌子：「二〇xx審判日」。

大多數現代人早就不相信末日論了。畢竟早些年人們經歷過瑪雅世界末日預言，還有諾斯特拉達姆斯預言的闇黑之日，太多次的預言失效讓末日論越來越沒市場。有時候它只是人們閒聊或是調侃少數宗教狂熱者的話題。你可以在坊間聽到一種論調說，道教強調自然的循環，主張寧靜柔順，所以沒有世界末日來臨的想法。其實這反映的是比較現代的觀點，多少已經適應了整個時代的趨勢。

不過古代道教跟現代很不一樣！尤其是宋代以前的道教，有很多神秘的、罕為現代人所知的內容。道教歷史上宣揚末日和救世主的傳說從來都沒有斷絕過，而且它是很多獨立運動和軍事政變的主要號召力！所以說，道教的末日論和救世主傳說是絕對不能被輕視的。

平常歷史課幾乎不會告訴大家這些事情。很多現代人認為理性思維就應該排除宗教信仰，所以經常忽略道教也曾經象徵著引導世界前進的方向，它對人們擁有難以估量的巨大吸引力和號召力。只要一個有超高人格魅力的人物出現，很容易登高一呼，被擁戴為世界的救主，身兼政治和宗教雙重的領袖地位。所以世界末日和救主降臨的想法常常綁在一起。

下面就要來告訴大家，道教成立前後的這段期間，人們怎麼想像世界末日的場景，還有他們期待什麼樣的救世主來拯救人類。

週期性的末日「陽九百六」

比東漢末期道教正式成立的時間稍早一點，西漢人有一種每經過一段時間，世界就要發生大災難、整個宇宙就要滅亡的觀念，叫作「災歲」說。其實不少古代文明都有類似週期災變的想法，最有名的是埃及人觀察尼羅河的定期氾濫，因此相信不只是自然界，連神明都會週期性的死亡和重生。宇宙的生成、毀壞，再生成、再毀壞，它的運動規律像是一條沒有終點的莫比烏斯環（Möbiusband），一個週期結束之後肯定還是會回到原點的。古代中國的災歲觀也是從自然現象的循環往復中得出的結論。

西漢末的劉歆擅長觀察天象，他修訂漢武帝時制定的曆法《太初曆》，編撰出一套《三統曆》。這套曆法很厲害，裡面許多對天象的計算和制曆的規則被沿用了上千年，一直到蒙古人統治的元朝才由《授時曆》取代。劉歆在《三統曆》裡面把整個世界循環的週期訂為四千六百一十七年，稱為一「元」。這個元是宇宙週期的起點，也是人類制定曆法的起始點。

為什麼一元是四千六百一十七年呢？劉歆不是隨便算的。根據古代曆法的規律，每十九年要設置七個閏月，這十九年加上七閏月的時間可以稱為一「章」。每八十一章的時間，朔旦冬至會恢復到同一個甲子日的夜半，所以稱為一「統」。每三統的時間，冬至又要恢復在甲子日夜半，所以三統合稱為一「元」。稍微算一下數字就可以發現，一統是一千五百三十九年，一元是四千六百一十七年。

在這一元的週期裡面，頭一百零六年間會發生九次大旱災。因為乾旱屬陽，所以稱為陽九，而一百零六年簡稱百六，這就是最早「陽九百六」災變論的誕生。接下來的三百七十四年間，會發生九次大水災；再接下來的四百八十年，有九次大旱；下面的七百二十年間有七次大水；再下面七百二十年間有七次大旱；接著六百年是五次大水；接著六百年是五次大旱；再接下來的四百八十年是三次大水，最後四百八十年是三次大旱。整個「一元」的週期間，總共會發生五十七次的災變。

從《三統曆》創造出「陽九百六」的週期災變說開始，它就變成大災難的代名詞，一直被後來的道教所沿用。六朝時期的上清派把陽九百六的末日景觀說明得更詳細，在《真誥》裡面透過紫微夫人預告了世界末日的場景：當大災變發生時，地表的高山峻嶺一個個要崩壞塌陷，在大地上留下深不見底的坑洞；原本沉積在低谷和大海的水要翻騰起來，巨大的海嘯沖到比山還要高的空中，覆蓋整片大地。到時候世界上再也看不到脆弱的花卉和植物，大氣中到處都是不規則的閃電和雷鳴，所到之處盡成焦土。

陽九之災叫作「天屯」。「屯」指的是屯卦，這是《易經》在乾、坤之後的第一個卦。它象徵災難、艱困，爻辭裡面寫下了許多原地踏步、多年不能脫離困境的凶險之兆。百六之災叫作「地否」。「否」同樣是《易經》的卦象，它甚至比屯卦更加殘酷，象徵著天地徹底隔絕，一切事物再也沒有任何溝通和交流，反而處在相互對峙，一觸即發的危機中。原本是聖獸的龍群在大地上戰鬥到血流漂杵，不到窮盡不會停止。這個沒有生機的殘酷局面，就是《真誥》用「陽九百六」預告的末日。

這種週期性的末日觀在道教歷史上不絕如縷。道教把它解釋得更加系統化之後，推出分為五個階段的宇宙紀年理論：第一個階段是混沌初開、無名無形的「龍漢時期」；第二個階段是大道隱匿、天地破壞的「延康時期」；第三階段是天地恢復正位、陰陽兩儀分立的「赤明時期」；第四個階段是天地再度毀壞，在灰燼中日月星辰再生、天地人三才復起，充滿未來希望的「開皇時期」；最後一個階段叫作「上皇時期」，同樣要經歷萬物重生，然後墮入失序的黑暗狀態，最終導致天地毀滅。

這個五階段的循環體系因為經常被靈寶系的經典記載，所以又稱為靈寶五劫說。根據靈寶經典的說法，五個時期的每一階段長度大約四十一兆年，絕對比現在認知的宇宙還要巨大無數倍。作為大道體現的元始天尊，會在每一時期開始的時候降臨度人，讓世界經歷一段善良而美好的寧靜歲月。但是等元始天尊傳授完道法，離開人間之後，這個世界總是抵擋不住再次墮落的力量，讓宇宙繼續往破滅的道路推進。

當然，除了週期循環的末日之外，道教對於人類為何墮落、世界為何走向衰亡還有別的理論解釋。最重要的其中一種，就是人類對於「罪」的懺悔。

這世界的罪孽為何如此深重？

除了週期性的末日觀之外，東漢時期的太平道還發展出另外一種宗教性的末日說。這就是

「承負」說。《太平經》出現的時代，因為佛教還沒有傳入中國，所以經書裡面完全沒有劫運、成住壞空、世界是苦的……這類觀念。某種程度上可以說《太平經》頗具地方特色，受外來文化的影響比較少。「承負」就是一種源自中土的典型罪咎觀。

《太平經》認為這個天地開闢的創世之初，天地萬物處在一片和諧的狀態中。生命的誕生是善的，原初的人類也是純粹善良的。可是隨著時間的流逝，人類逐漸變得自私、偏心，越來越把人生的目標放在慾望的競逐上，在世上埋下了邪惡的種子。

上古之人活在渾沌的純樸境界，很快的中古之人懂得崇尚浮華，驕傲自大，犯下狂妄偏邪之罪。人類的壽命也逐漸變短，很多人早夭而死。如果隨著罪人的死去，能夠讓這個世界恢復安寧的話還好，但最可怕的就是這些邪惡的種子不會因為惡人的死亡而消失，它會不斷累積、壯大，最後產生破壞性的毀滅之力。

這等於說活在越晚近的人類，就要承擔前人越大的罪孽。聽起來非常的不公平，但《太平經》告訴人們這就是世界的法則。水災、旱災、瘟疫為什麼會發生？因為古代人的罪不斷承負，累積到今天讓整個世界無法承受，只能轉化為殘酷的天災爆發出來。人類為什麼會生病、早衰，社會為什麼會充滿不公不義，國家為什麼會進行戰爭？因為古代人的罪孽不斷累積，變成所有後代人必須承擔的共業。

假如這些罪孽無法由災害和戰亂宣洩掉，總有一天它會徹底的大爆發，帶來整個世界的毀滅。這個大滅絕的事件叫作「三統滅亡」。三統指的是天、地、人三才，本來三才象徵著整個宇宙的三個層級，天、地、人之間的共存象徵著宇宙的和諧狀態。根據漢朝流行的天人相應觀來看，天地是一個大宇宙，人類是一個小宇宙，天地之氣的混亂或者是陰陽之力的失衡都會導致人間的災禍，當人類社會的統治走入邪道，上天也會有所感應而降下各種詭異的災異現象來警告人類。天、地、人是支撐這個世界的三大支柱，就像是一座巍峨莊嚴的鼎器有三足來共同支撐一樣，任何一支的毀壞都會導致整個世界傾覆。三統滅亡就是天、地、人三才中間有其中一支無法承受罪孽的重擔，使得天地終結。這就是《太平經》裡說的：「一統兇滅，三統反俱毀敗」。

但是，假如過去人類犯下的罪孽無法消除，這個世界的末日將會無可避免的降臨，人類還剩下什麼希望呢？《太平經》當然不會只講末日而不講希望。上古之人曾經活在太平盛世，人類能做的事情就是聽從「天師」的指導，設法讓世界回到當初的太平世。

天師跟救世主很像，但是畢竟是不同的概念。《太平經》的天師比較接近《魔戒》裡面的巫師甘道夫，他沒有辦法獨立扭轉罪孽的承負，也不是統治人類的君王，但是能夠引導人們走向正確的方向。他是善良的化身，是宗教的領袖，是人類君王的軍師，他帶來的訊息是神聖的天啟。在所有人都還沒察覺邪惡來到的時刻，天師就已經預知未來的嚴酷處境，並且把迎接太平之氣、打造太平之世的方法傳達給人們知曉。

在社會上地位越高的人如果犯下罪惡，對後代造成的承負就越大。一個昏君帶給後代的承負，可以是平民老百姓的成千上百倍。所以統治者更有必要聽從天師的指導行政。一般人聽到這點可能會鬆一口氣，還好不是自己害的！不過太平世的到來不能只靠統治者，所有人都必須遵循天師的教誨。

承負有一項很嚴重的後果，就是通過血脈傳遞到後代子孫身上。換句話說，你這輩子遭遇到的痛苦和不幸，其實有好大一部份責任要算在你祖先頭上。假如你不希望自己的子孫繼續受苦，就必須趁這輩子把過去累積到你身上的罪孽清理乾淨。

《太平經》宣揚的末世論已經出現後來道教「終末論」的幾個關鍵要素了。世界末日的出現可以被預知，末日來臨的原因可以被解釋，更重要的是人們擁有迴避末日的方法，甚至被許諾一個度過大災難之後的完美世界。在這樣的背景之下，魏晉六朝時期的道教終於推出了自己的救世主——他和宣揚《太平經》的天師很接近，但是更有政治領袖的意味。

亂世不用怕，老子化身來救人！

就在東漢末年群雄割據、天下大亂的時代，一股以老子為救世主的宗教運動悄悄的在四川發動。四川是個很獨特的地域，道教很多運動的源頭都能夠追溯到這裡。早在司馬遷的年代，就把老子的生平事蹟寫進了《史記》。數百年的光陰當中，老子的地位逐漸上升，成為道教萬神殿中的至上之尊。他被稱為太上老君，他的化身無所不在，甚至歷史上所有出名的偉人都被當成老子的化身。

敦煌出土的一卷經書《老子變化經》（S2295）講述了老子化身降世的顯靈事蹟。傳說他在伏羲時代以「溫爽子」的身分成為帝王之師，祝融的時代化身為「廣成子」，五帝中的顓頊時代化為「赤精子」，又化身成為「天老」輔佐黃帝擊敗蚩尤，一統天下。唐堯的時代他是「茂成子」，虞舜的時代他是「廓叔子」。《史記》所記載的老子，則是他在周朝的其中一個化身，當時他誕生在楚國，名字叫作李耼，字伯陽。因為周平王不能聽他的建言，老子預見了周朝衰亡的命運，決定西出函谷關，臨行前留給關尹五千言，也就是後來赫赫有名的《道德經》。

在這卷經文的最後，老子現身說法，告訴讀者他在漢朝已經五度降臨四川。一次在成都鶮爵鳴山（或許是指道教的聖地鶴鳴山？），連續兩次在白祿山，一次在崩山，第五次自號為「僕人」，又回到白祿山建廟。但是，這不是他化身降世的結束。他會在下一次兵災連結的凶年第六度降臨四川，這時候的人們被饑荒、瘟疫、戰爭逼得民不聊生，而他會拯救那些請求他幫忙的人們度過危難。

這部《老子變化經》完全沒有提到張陵和張魯，跟五斗米道沒有關係。但是老子連續降生在四川，號召群眾來跟隨自己，這和同一時期在東邊自稱大賢良師的張角以太平道的名義舉事，這一連串的類似事件已經很難說是巧合了。不過，這裡的老子和同時代的太平道與五斗米道有一個本質性的區別，就是領導群眾運動的領袖把自己稱為至上神老子的化身。他已經放棄對王朝皇帝的期待，而是親自以宗教兼政治領袖的雙重權威帶領人民，並且要求所有帝王都遵從他的指令。

從當政者的角度來看，這是不折不扣的反賊呀！任何掌權者都可能會把它打成異端，甚至不惜動用武力進行鎮壓。這一類帶有政治目標的宗教運動，剛開始雖然只是個小火苗，一旦沒有及時撲滅，很可能發展成黃巾軍那種撼動天下的大亂。太平道被消滅，卻造成群雄割據的三國時代；五斗米道的張魯有前車之鑑，非常乾脆的投降曹操，雖然放棄了耕耘幾十年的漢中之地，卻換來晚年享盡清福，教團成功轉型為天師道，成為後世道教的宗主。但四川打著老子降世旗號的這股潮流不知道發生什麼事，最後消失在歷史的長河中，沒有留下紀錄。可是，把老子神化，或者是托名老子降世的救世預言，卻繼續成為魏晉南北朝末世論運動的重要基調。

木子弓口・真君李弘的降世傳說

根據歷史的紀錄，漢朝成立以後假借讖語預卜未來，進而起兵對抗朝廷的人物，有相當大數量是姓李的人。姓李難道就天生反骨嗎？當然不是這樣。原因是老子也姓李呀！即使原本不姓李，後來再改姓的人，還是能宣稱自己的血脈上溯到至高神老子身上。這代表他是神聖血脈的繼承者，是天意的代行人，甚至是老子在這個世界的化身。

數一數漢朝建立以後李姓領導的反抗運動，第一個是王莽時代的占卜師王況，他宣稱預卜到未來會有一位姓李的人物起兵，輔佐漢朝復興。王況的讖語很快就得到一群厭惡王莽的人群響應。王莽也不是傻的，他立刻任命一名手下李棽為「厭難將軍」，又給他賜了新名為李聖。一通操作下來，直接收割了王況的讖語，將其變成支持自己掌權的預言。

同一時間，有一位退休的老人李守也說出一段讖語，預卜劉姓皇室即將復興，李氏則是最重要的皇室輔佐。他的兒子也不知道是相信了自己爸爸的讖語，還是假借讖語的名義，和光武帝劉秀聯合起來，後來真的成為東漢開國功臣之一，被封為「輔漢侯」，風風光光的把劉秀的妹妹娶回家去。這證明了姓李這件事帶來的血脈之力，即使只是一種象徵，也是非常有現實價值的。其他例子還有：

公元一百四十七年，時值政局紛擾不斷的東漢桓帝年間，陳留人李堅自稱皇帝，事敗被殺。

公元一百五十四年，蜀人李伯詐稱自己是皇室後裔，自立為「太初皇帝」，正式發動兵變。這個李伯也是四川人，可說四川不愧是道教救世主義的關鍵發源地，一直以來都有宗教領袖推陳出新。

東晉開國時期，江蘇、河南一帶有個方術士李脫號稱「李八百」，利用法術替民眾治病，在沒有政府授權的前提之下，授予很多人官職，號召起一支部小的部隊。他的弟子名叫李弘，又講出預卜未來的讖語，說自己應該稱王。

李八百（見：《月旦堂仙佛奇蹤合刻》）

李八百原本是蜀國很有名的仙人（看，又是四川！）原名李阿，傳說他活了八百年，所以後來就被稱為李八百。一百五十多年之後，有一個術士李寬，從蜀遷徙到吳，以法術治病，聲名遠播。這個李寬據說就是當年的李八百。

東晉建國期間，四川有將近五十年的時間受一個國號「成漢」的獨立王國統治。成漢的建國者姓李，叫作李雄；李雄死後，經過一連串殘酷的政治鬥爭，最後終於由李勢勉強建立比較穩定的政權。除了又是四川人，又是姓李之外，成漢非常崇信天師道，可以說有宗教王國的特質。

成漢被東晉桓溫所滅之後，有兩個盜賊在四川起事，就打著成漢政權的旗號。一個名字叫李金銀，真是俗氣到不行；一個叫李弘，兩人大概知道自己的名字太土氣，缺乏血脈之力，所以自稱是李勢的兒子，偽造讖語說聖道即將復興，李氏將再度稱王。一時間李金銀手底下也有一萬多兵馬，聲勢不小。不過最後讖語還是失效了，東晉派軍把兩個盜賊徹底剿滅。

還沒完！不是只有兩個盜賊打著成漢復辟的名義起兵，另一個隴西人李高也偽託自己是當年成漢開國皇帝李雄的後代，率軍起事。

這些層出不窮的政治抗爭，雖然沒有明確的宣稱自己就是老子的化身，但是在當時的文化環境裡，他們都心照不宣的利用了李姓在道教傳承中所具有的神聖義涵，借用宗教的號召力來加持自己的反抗活動。

其實李弘倒是在歷史上真有其人。真正的李弘原來是西漢晚期的人，他是蜀地有名的賢人，同時非常的長壽，曾經拒絕擔任地方長官的任命，很有道家隱遁之士的風範。因為李弘在當地很受尊敬，一直到兩百多年之後四川人都還記得他，太守還特地為李弘建立祠廟，定期祭祀，讓他成為漢末動亂時期成都的賢人典範。

不過，真正將李弘的名字推上道教舞台的是兩部道經。一部是《老子變化無極經》，他講述老子如何化身示現，教化胡人，又在西漢時現身於成都，姓木子，名口弓。這是一個簡單的字謎，木、子合併就是「李」字，口、弓合併就是「弘」字。換句話說，李弘就是老子在四川的神聖化身！

另外一部道經是《太上洞淵神咒經》，它鉅細靡遺的講述「真君李弘」承受天命，降臨世間拯救萬民的故事。經書裡面記載，作為大道化身的太上道君警告大眾，下一輪讓萬物沉淪、生靈塗炭的大災變即將來臨。在這次劫難中，有身長萬丈的巨大鬼王率領著九十億殺鬼，手上拿著可怖的紅色狼牙棒四處追殺活人。鬼兵鬼族不只是用暴力殺人，他們會散布各種顏色的毒氣進行化學攻擊。青氣的毒性最強，中毒者瞬間猝死，毫無活命的希望。紅氣讓人全身腫脹爆裂。黃氣讓人不斷腹瀉，白氣讓人得到霍亂，中這兩種毒的人最後都會精氣消耗殆盡而死。另外還有九十種疫病會四處散播，整個世界遍地都是死屍。僥倖活命的人在這種極端狀態裡心智逐漸混亂，開始相互殺害，爭搶所剩無幾的資源。

在這種黑暗的末世裡，唯一的希望就是真君李弘的降世。《太上洞淵神咒經》寫道：

真君不遠，甲申災起，大亂天下。天下蕩除，更立天地，真君乃出。……真君者，木子弓口，王治天下，天下大樂，一種九收，人更益壽三千歲。乃復更易，天地平整，日月光明。

這位拯救世界的救主就是李弘。他會掃平天下，讓整個宇宙重新走回正軌，太陽和月亮正常地照耀著大地，人民安居樂業，壽命延長到三千年。這裡說的三千年，帶有一點讓所有凡人修道成仙的意味。在這個人人信奉大道、宗教昌明的時代裡，原本兇猛的獅子、麒麟都會溫馴的被人豢養，象徵祥瑞的鳳凰和白鶴會自動棲息在和樂的人類宅邸，沒有人需要再賺取財富，官府和刑罰可以徹底取消。《聖經》描述天堂的模樣時說：「豺狼必與羊羔同食，獅子必吃草與牛一樣，塵土必做蛇的食物。在我聖山的遍處，這一切都不傷人，不害物」，一切原本殘忍駭人的事物都不再傷人，這難道不是跟真君李弘統治的太平盛世很像嗎？東西方期盼的永恆樂園，還是有滿多相近的地方呢。

《太上洞淵神咒經》提到東晉的滅亡和劉裕的崛起，可見時代已經走到南朝劉宋時期（公元四二〇－四七九年）。不過它沒有把真君李弘塑造成輔佐劉氏治理天下的帝王師，而是號召百姓歸順宗教領袖帶來的新世界。當時李弘的神話早就在人們心中生根了，它已經象徵著一種宗教式的烏托邦，是一塊永遠不受人間紛擾影響的樂土。李弘可以是政治上的君王，雖然政治統帥的意味隨時間變淡，但始終被保留下來；另一方面，他必定是宗教的領袖，帶給人們一種來世期許的意涵越來越濃厚。

這塊招牌在魏晉南北朝時期實在太好用，所以人人搶著拿來用。就像是當年的四川強盜李金銀、李弘一樣，稍微跟李姓和真君李弘沾親帶故的，就能揮舞真君降臨的大旗號召群眾。其中藉機斂財、魚肉鄉民的人多得很。崇奉太上老君和天師張陵的天師道雖然跟李姓不是沒有關係，但看到這種亂象，不能不出來講個幾句話。

屬於天師道的經典《老君音誦誡經》講述太上老君任命寇謙之擔任天師，特別叮囑他要留意當時的反叛集團「稱名李弘，歲歲有之」。每年都有新的李弘，而且到處都有自稱李弘的集團！這些集團平時喜歡搞很多怪力亂神的花樣，有的天天通靈，說自己帶天命，有天上大神附身在他身上，要他傳達上天的旨意。他們張開嘴巴就是嗚嚕嚕、哇啦啦講一串沒人聽得懂的話，說是神明才會講的語言；手上有筆就刷刷刷亂塗亂抹，說是鬼神才認得的靈文。有的自己假造一套官爵，隨便賜給信眾稱號，說他們是天上某某大將、某某真仙、某某夫人。而且好多老百姓都被騙，把自己的財產和土地都奉獻給這些神棍。最可恨的是每次都借用真君李弘的名義騙人，實在太可惡、太可恥！

寇謙之代表北方天師道對宗教界做的清整工作，因為得到北魏太武帝的支持而取得不小的成功。這位信奉道教的皇帝稱自己為「太平真君」，並宣布道教為北魏的國教。在官方力量的壓制下，自稱老子使者李弘的人確實減少了。

不過，李弘的名號怎麼可能就此消失呢！借用李弘姓名的人，只是在等一個機會。一旦政府的壓制力降低，或者戰亂紛擾再度來臨，新的李弘必將再次竄出頭來，重新宣揚一種美麗的烏托邦，吸引受到苛政和戰亂侵凌的人民加入。果然到了隋朝即將滅亡的時候，公元六百一十四年，長安西部的扶風爆發集團性的反抗。當時的領袖叫做唐弼，他不姓李，但是喊出口號要把李弘推為天子，希望應驗民間流傳的讖語和李弘神話，得到政治上的資源。

這種作法有可能影響到李密和李淵的起兵。這兩個人都是隋朝末年逐鹿天下的群雄之一，兩人還曾經結義。既然他們姓李，理所當然要利用道教的太上老君神話和真君李弘降世的預言了。李密先不提，李淵可是中國史上少數強大到能稱霸中亞的唐帝國的建立者。他因為是隴西人，靠近李弘救世傳說的發源地，所以立刻宣布自己的血統可以上溯到老子李耳，他是老子在世的使者，他的出現應驗了真君李弘降世的讖語，而由他所創造的唐王朝實現了整個魏晉南北朝數百年來不停迴盪著的救世希望。

李淵、李世民在初唐還只是利用道教的神話，到了唐玄宗的時代，朝廷更大力度的推動道教信仰，讓道教擁有國教的地位。不過這部分就跟李弘比較無關了。說回李弘降世的傳說，歷史上記載到的最後一位李弘起事，發生在契丹人統治的遼國。根據《遼史》記載，公元一一一二年的時候：「李弘以左道聚眾作亂。」官府緝捕李弘之後，判處他支解的酷刑。這位歷史記載中最後一任的李弘被分屍而亡，肢體還分送到五座都城示眾。這才讓李弘的救世主神話到此畫下一個陰沉的句點。

末世論大爆發

除了政治上利用末日救主，在六朝這個政局頻繁更替、種族雜居的混亂時期，「終末論」呼應許多人對於現世失望的情緒，戳中了他們對幸福的渴望。因此，道教的各個派別都推出自己的末日說，各有各的特色，可以說是繽紛絢爛，異彩紛呈。

首先來看看轉型後的天師道。大約在西晉末葉，天師道編寫出一部很有名的道經《女青鬼律》。「女青」是冥界之神，祂掌管人類生死的命運，儘管只有少數人認識祂，但卻是權威顯赫的一位神明。「鬼律」是控制鬼神的法術，施術的關鍵在於掌握大小鬼神的真名，一旦呼喊出對方的真名，對方就必須聽令行事。在一個魔王和鬼怪亂舞的時代裡，治鬼的法術是必須的，同時也是挽救宇宙失序以致崩潰的關鍵所在。

《女青鬼律》是由太上大道君傳給女青的神聖經文，再由女青授予天師張道陵以拯救遭遇橫逆死亡的天師道信眾。被選上的道眾可以白日高飛昇天，躲過即將來臨的災厄。這些被選中的人被稱為「種民」，未來有機會活在新的太平盛世。至於世界末日到來的時刻，《女青鬼律》給出非常具體的預言，將會發生在下一個庚子年。

庚子年的說法很容易牽動大眾的神經。平常坊間就有流傳一種詭異的讖語，說每逢庚子年天下都會發生大亂。數數看歷史上的庚子年大亂，有一八四〇年的鴉片戰爭、一九〇〇年的庚子拳亂，還有二〇二〇年的新冠疫情。大概是因為最近一百多年就有三次庚子年發生嚴重的戰爭或瘟疫，大家才會對這個年份感到印象深刻吧。但是在十九世紀以前的庚子年，似乎沒有這麼多嚴重的災難發生，會不會庚子年其實不一定是凶年呢？

庚子是天干和地支搭配出來的一個年份，相信很多人到現在看黃曆擇日的時候，都還是會接觸到干支紀年法。但是如果說《女青鬼律》的庚子年有什麼特殊涵義的話，首先還是要從最靠近西晉末年和東晉初期的庚子年找起。對照一下歷史年分，它最有可能影射東晉成帝咸康六年（公元三四〇年）。根據《晉書本紀》記載該年份的災歲現象，只有成漢政權的李壽攻陷丹川，造成東晉守將孟彥、劉齊、李秋等人戰死。雖然戰爭的傷亡相當殘酷，但是要拿這件事情來說是世界末日，未免太過誇大。

比較合理的看法是，《女青鬼律》充分利用「庚子」這個干支背後的神秘性，抓到了朝代交替時人們的心理期待。流亡到南方的人們既畏懼著更大的災厄，又對遷徙到新土地後的生活抱有期盼。《女青鬼律》借用七言詩寫作的讖語，警告人們趕快奉道修行躲避災禍，同時借助道術之力創造安穩的生活。

> 老公道上更相扶，饑餓搏頰輒叩頭。米穀金貴不可求，災兵大厄庚子年。……
> 交頸腫領惡逆民，化生風毒身奉天。大小皆來至此間，餘有胡鬼億萬千。……
> 子若不信庚子年，自當思吾今日言。
> 日月冥冥恐無光，五穀不生逆鬼行。是庚子歲約不亡，若有餘人如飛蜂。……

切切天下真欲弊，庚子之年其運至。千無一人可得脫，有心相遇世道清。

其實讖詩的內容很明顯在指北方故土已經被胡族所佔據，對他們的恐懼和怨恨有如面對億萬的惡鬼。天師在傳道的時候，還不忘感嘆近年怎麼那麼多天災人禍，天下大亂，好人多半死亡，壞人卻橫行不法。人民被迫遠離家鄉來到異地，只求挽回最後活命的希望。

如果不提現實中的庚子年，這個年份其實還是有神祕學的意義。這個觀念叫做「五子歸庚」。五子，指的是天干搭配的六十種組合中，有甲子、丙子、戊子、庚子、壬子這五個子日。庚子雖然是五子日的其中之一，但是它的地位最特殊。因為其他四子分別代表東南西北四方，而庚子位於中央，五行中屬土，可以統攝其它的四方四行，具有居中統帥十二辰之氣的特殊功能，所以經書中往往以五方之數皆歸於庚。庚子的地位如此重要，它既是統攝時空方位的核心，也代表著一個運勢轉折的關鍵節點。換句話說，五子歸庚的庚子之年，是世界即將更新的轉機時刻。

這有點像是《易經》六十四卦的最後一卦「未濟」，一切雖然都在混沌不明的狀態，但是處在一個變化窮盡的極點，接下來要發生的一切都有可能。有光明，也有黑暗。有時候讓陷入絕望中的人支撐下去的，不必然是當下立刻的援助，而是在黑暗中代表希望的一絲星火。只要未來哪怕有一丁點轉機的希望，人們就能堅強地支持下去。《女青鬼律》的庚子災厄論或許就是天師道用宗教帶給人們希望的一種方式。

西方來的劫數

前面說過，魏晉南北朝是道教末日論大爆發的時期。除了天師道之外，上清派和靈寶派也都提出自己的末日說。不過，這兩派的末日論沾染上很多外來文化，所以要稍微做點區隔。所謂的外來文化，就是印度的佛教。

道教是中國本土誕生的宗教，在它原本的語言體系裡面，很多概念都可以找到更古老的源頭。佛教帶來的觀念就不同了，許多詞彙很明顯是梵文的音譯，像「阿耨多羅三藐三菩提」、「摩訶衍那」這類詞語，一般人即使平常佛經背得琅琅上口，也未必知道是什麼意思。

有一些介於兩者之間的詞語就不一樣了。比如我們每天都在用的「世界」這個詞，它的音譯是「路迦馱睹」，最初是個不折不扣的印度翻譯詞。所以可能很多人會懷疑，談到世界末日時常用的「末世」和「末嗣」，是否也是受佛教影響才產生的末日論概念？其實剛好相反，

「末世」和「末嗣」是道教提出來的詞彙。天師道的經典〈大道家令戒〉在訓誡道眾的時候，一再使用末世和末日這兩個詞，表示過去曾經輝煌的朝代已經走向末路，天子不再受到天命的支持，皇室的子嗣也將要斷絕。它的意義基本上跟佛教對「世界」的定義無關。

另外一個我們常用的詞「劫」，很多人不曉得它是梵語 kalpa 的音譯，早期佛經也有譯成劫波、劫跛、劫簸、羯臘波。「劫」這個詞的意思跟如今常用的意思也不一樣，它其實是一個時間長度的單位，在古印度的婆羅門教裡面指大梵天一天的時間，相當於人間的四十三億二千萬年。乍看之下這個數字大到有點讓人頭暈，不過印度人的數字一向大得很誇張，看多了就會習慣。

這種用法跟我們平常語感裡的「劫」差別很大。成語經常講「在劫難逃」；平常身邊如果有人遭遇不幸，會感嘆厄運是躲不掉的「劫數」；世界發生嚴重的災難，我們會說未來有一個恐怖的「浩劫」、「大劫」在等著。這就奇怪了，日常語言裡的「劫」好像是個大災難的意思，如果它是翻譯詞彙，怎麼會跟印度原本的用語差這麼多呢？

這就是佛教和道教末日論在魏晉南北朝共同創作出來的結果。佛教的劫雖然是指時間單位，但是劫都有成住壞空的不同階段，而每一劫在結束前往往會發生毀天滅地的災難，久而久之，人們只記得災難會發生，卻忘記「劫」本身是時間的意涵。

佛教的《大樓炭經》描述大劫將近的時刻，會發生毀天滅地的大洪水。天上被濃厚的烏雲遮蔽天日，每一滴雨水都比車輪還要巨大，而且從天而降的雨水還是滾燙的沸水，這場雨總共要下數千萬年。不只是地表上的一切事物會被淹沒在波濤之中，就連須彌山和所有在十六重天以下的世界都會被大水覆滅。只有過去曾經積累善行的少數好人，在死亡之後能升上第十六重天變為天人，躲過這場浩劫。其它佛經，尤其是淨土系列的經典，則是常常許諾信眾在大劫之後受佛菩薩的願力接引，往生佛國樂土。

這種大洪水毀滅世界的預言，同樣發生在道教的經典裡面。《元始五老禳大劫洪水召蛟龍水官度災真文玉訣》描述的末日場景跟《大樓炭經》非常接近，而且特意點出大劫之交的時刻，人們不論善惡都要面對這場滅頂的災厄。這一劫所累積的一切邪惡汙穢，會被這場洪水洗滌乾淨。佛教透過學佛行善來迴避劫難，道教則以修習道法和配戴符咒來迴避災厄。佛教有佛菩薩創造世界終末之後重生的佛國樂土，道教像是上清派的《太上三天正法經》則是交由金闕後聖帝君來拯救萬民。

上清派的《上清三天正法經》運用「劫」的災厄意義，發展出屬於道教的大劫、小劫說。根據這部道經的說法，一小劫共有四百六十萬零八百年，一大劫共有一千二百六十五萬二千二百年。計算大小劫的數字，可以幫助我們推斷這一次劫運即將來臨的時刻，所以非常重要。按照《上清三天正法經》的說法，這一劫的盡頭可以觀察到天地陰陽之氣的失衡，天運共九千九百周叫作陽蝕，地轉九千三百度叫作陰勃，在陽蝕陰勃之際，天地將會顛覆，這就是這一大劫的終末之象。

問題是我們能不能確定更具體的日期？答案是有的。東晉時期上清派的《太上三天正法經》和《上清後聖道君列紀》預言，拯救世界的金闕後聖帝君降世的年份，是帝堯之後總共五十五回的丁亥年到壬辰、癸巳年間，也就是堯以後三千三百年，下一個壬辰年就是大劫終了之日。這個壬辰年可能是東晉孝武帝司馬曜在位時的太元十七年（公元三九二年），不過它究竟是哪一年，或許不用太鑽牛角尖。因為它就跟庚子年一樣，是當時流行的神祕年份。它暗示著劫運轉變的關鍵時刻，對當時的人來說可能也影射某個太過敏感而不能說的重要事件和時間點。

靈寶派的劫災思想和上清派很相似，除了赤明、龍漢、延康、開皇的劫運理論外，靈寶經典也很完整地詮釋了道教「開劫度人」的救世主義。《元始五老赤書玉篇真文天書經》甚至直接提供了度過大劫、小劫需要配戴的符命。身上配戴這些符命，就可以水火不侵，在災難來臨時獲得神明護佑，成為被揀選的種民。

我們現在對末日劫運的想像，基本上是這一段期間佛教、道教共同創造出來的局面。道教在吸收佛教傳來的新概念時，還融合了古代傳統中陽九百六、五子歸庚、罪惡承負等各種固有思想，讓魏晉南北朝的終末論出現多元而豐富的面貌。

那麼，這種末日論後來還有繼續發展嗎？應該說，每逢時代混亂、人們性命遭逢可見的危機時，末日說就會有很大的市場。只是當它的基本結構定型下來之後，比較少有新的變化。像是道教開劫、救劫的意識形成後，幾乎變成一種教內默認的傳統典範，也就缺乏更有創意的詮釋。即便在女真人與蒙古人建立王朝時，出現全真道這種對國家社會影響力極大的全新的道派，也只是在修煉觀上進行改革，而沒有在末世論的架構上做出太大轉變。

參考文獻

第一章

普鳴，（Michael J. Puett）著，張常煊、李健藝譯，《成神：早期中國的宇宙論、祭祀與自我神化》，北京：生活・讀書・新知三聯書店，二〇二〇年。

楊儒賓，〈巫風籠罩下的性命之學：屈原作品的思想史意義〉，《第四屆通俗文學與雅正文學研討會論文集》，二〇〇三年十二月，頁二二一至二五八。

第二章

小南一郎，《中國的神話傳說與古小說》第一章〈西王母與七夕文化傳承〉，北京：中華書局，二〇〇六年，頁十三至一四一。

李豐楙，〈王母、王公與崑崙、東華：六朝上清經派的方位神話〉，《仙境與遊歷：神仙世界的想像》，北京：中華書局，二〇一〇年，頁一〇六至一七四。

第三章

李豐楙，〈神仙三品說的原始及其演變——以六朝道教為中心的考察〉，《仙境與遊歷：神仙世界的想像》（北京：中華書局，二〇一〇年），頁一至四十六。

第四章

三浦國雄著，王標譯，〈論洞天福地〉，《不老不死的欲求：三浦國雄道教論集》，成都：四川人民出版社，二〇一七年，頁三三二至三五九。

李豐楙，〈六朝道教洞天說與遊歷仙境小說〉，《仙境與遊歷：神仙世界的想像》，北京：中華書局，二〇一〇年，頁三四九至三八七。

柏夷（Stephen R. Bokenkamp）著、謝一峰譯〈桃花源與洞天〉，《道教研究論集》，上海：中西書局，二〇一六年，頁一六〇至一七七。

第五章

謝世維，〈祕文與玉符——中古三皇文傳統之研究〉、〈真形與神圖——道教三皇文視覺文化初探〉，《鴻濛妙觀：道教文化研究之多元面向》，臺北：新文豐，二〇一八年，頁十九至九十二。

第六章

李零，《中國方術考》第五章〈煉丹術的起源和服食、祝由〉、第六章〈出土行氣、導引文獻概說〉，北京：中華書局，二〇一九年，頁二四〇至三〇二。

陳國符，〈中國外丹黃白術考論略稿〉，《道藏源流考》，北京：中華書局，一九八九年，下冊，頁三七〇至四三七。

玄英（Fabrizio Pregadio）著，韓吉紹譯，《太清：中國中古早期的道教和煉丹術》，濟南：齊魯書社，二〇一六年。

第七章

余英時，《東漢生死觀》，臺北：聯經，二〇〇八年。

第八章

索安（Anna Seide）著、王宗昱譯〈老子和李弘——早期道教救世論中的真君形象〉，《國際漢學》第十一輯，二〇〇四年，頁一八九至一九五。

柏夷（Stephen R. Bokenkamp）著、田禾譯〈屢現的預言：道教末世論和唐王朝的建立〉，《道教研究論集》，上海：中西書局，二〇一六年，頁一七八至二〇二。

小林正美，〈道教的終末論〉，小林正美著，李慶譯，《六朝道教史研究》，成都：四川人民出版社，二〇〇一年，頁三八七至四五八。

讀歷史165　PA0115

道教的多重宇宙
——全面解析道教世界觀與神仙位階，讓你修仙途中不迷路！

作　　者 / 李忠達
責任編輯 / 鄭伊庭
圖文排版 / 黃莉珊
封面設計 / 張家碩

發 行 人 / 宋政坤
法律顧問 / 毛國樑　律師
出版發行 / 秀威資訊科技股份有限公司
114台北市內湖區瑞光路76巷65號1樓
電話：+886-2-2796-3638　傳真：+886-2-2796-1377
http://www.showwe.com.tw
劃撥帳號 / 19563868　戶名：秀威資訊科技股份有限公司
讀者服務信箱：service@showwe.com.tw
展售門市 / 國家書店（松江門市）
104台北市中山區松江路209號1樓
電話：+886-2-2518-0207　傳真：+886-2-2518-0778
網路訂購 / 秀威網路書店：https://store.showwe.tw
國家網路書店：https://www.govbooks.com.tw

2024年5月　BOD一版
定價：390元

讀者回函卡

國家圖書館出版品預行編目

道教的多重宇宙：全面解析道教世界觀與神仙位階,讓你修仙途中不迷路! / 李忠達著. -- 一版. -- 臺北市：秀威資訊科技股份有限公司, 2024.05

面；　公分

BOD版

ISBN 978-626-7346-88-4(平裝)

1.CST: 道教 2.CST: 宗教文化 3.CST: 世界觀

230　　113005379